दीपक बजाज

मोटिवेशनल स्पीकर । कॉर्पोरेट ट्रेनर । जीवन एवं बिज़नेस कोच

- सोशल मीडिया इन्फ़्लुएंसर जिनके साथ हैं 2.4 मिलियन फ़ॉलोअर्स
- 9 भाषाओं में 5 पुस्तकों के #1 बेस्टसेलिंग लेखक
- 20+ वर्षों का ट्रेनिंग अनुभव - सेल्स, लीडरशिप, बिज़नेस ग्रोथ, कॉर्पोरेट कल्चर, एंटरप्रेन्योरशिप, सक्सेस साइकोलॉजी, पब्लिक स्पीकिंग, टीम मैनेजमेंट, कम्युनिकेशन स्किल्स, टाइम मैनेजमेंट आदि में
- दुनिया भर में 21 लाख से अधिक लोगों को ट्रेनिंग दे चुके हैं
- सोशल मीडिया पर 600 मिलियन से ज़्यादा व्यूज़
- कई बार सर्वश्रेष्ठ प्रशिक्षक और कोच पुरस्कार विजेता
- उद्यमिता सेल के ब्रांड प्रतिनिधि - आईआईटी बॉम्बे (IIT Bombay)
- अंतर्राष्ट्रीय मास्टर एनएलपी प्रैक्टिशनर
- TEDx स्पीकर एवं जोश टॉक्स स्पीकर - 3 बार

व्यक्तिगत रूपांतरण के मास्टर, दीपक पिछले 2 दशकों से लोगों को सर्वश्रेष्ठ बनने के लिए प्रेरित और सशक्त बनाने के मिशन पर हैं।

दीपक के लाइव इवेंट और ऑनलाइन पाठ्यक्रमों को उनके अविश्वसनीय परिणामों के लिए विश्व स्तर पर मान्यता मिली है और 21 लाख से अधिक लोग पहले ही उनके प्रशिक्षण में भाग ले चुके हैं। उनके अनूठे ट्रेनिंग स्टाइल और ऊर्जा भरी शैली ने उन्हें एक अग्रणी कॉर्पोरेट ट्रेनर और मोटिवेशनल स्पीकर का दर्जा दिलवाया है जिसकी वजह से उन्हें नियमित तौर पर वार्षिक सम्मेलनों, लीडरशिप प्रोग्रामों, सम्मेलनों, डीलर मीट, कॉर्पोरेट कार्यक्रमों आदि में बुलाया जाता है।

दीपक बजाज की अन्य पुस्तकें

- 60 मिनट में नेटवर्क मार्केटिंग
- बनिए सोशल मीडिया मिलियनेयर
- अचीव मोर सक्सीड फ़ास्टर
- बनिए नेटवर्क मार्केटिंग मिलियनेयर

सपनों से हक़ीक़त

5 क़दमों में

धन, सफलता और खुशी प्राप्त
करने की प्रभावी योजना

दीपक बजाज

MANJUL
मंजुल पब्लिशिंग हाउस

MANJUL

मंजुल पब्लिशिंग हाउस

कॉरपोरेट एवं संपादकीय कार्यालय

• द्वितीय तल, उषा प्रीत कॉम्प्लेक्स, 42 मालवीय नगर, भोपाल-462 003

विक्रय एवं विपणन कार्यालय

• सी-16, सेक्टर 3, नोएडा, उत्तर प्रदेश, 201301

वेबसाइट : www.manjulindia.com

वितरण केन्द्र

अहमदाबाद, बेंगलुरू, भोपाल, कोलकाता, चेन्नई,
हैदराबाद, मुम्बई, नई दिल्ली, पुणे

यह हिन्दी संस्करण 2024 में पहली बार प्रकाशित
तृतीय आवृत्ति 2024

ISBN 978-93-5543-555-2

मुद्रण व जिल्दसाज़ी : रेप्रो इंडिया लिमिटेड

समर्पण

यह पुस्तक आप में से प्रत्येक उस व्यक्ति के लिए है,
जिसके पास ना केवल सपने हैं, बल्कि उन सपनों के लिए काम
करने की प्रेरणा और प्रतिबद्धता भी है।

एक गाँव में बड़ा होना, स्थानीय स्कूलों में पढ़ना, वित्तीय संघर्षों का सामना करना, नौकरी से उद्यमिता की ओर बढ़ना, ग़लतियाँ करना और कई बार शून्य से फिर से शुरुआत करना... मैं इन सब से गुज़र चुका हूँ और मुझे पता है कि यह कैसा लगता है। मेरा विश्वास करें, आपके अंदर महानता के बीज हैं और यह पुस्तक आपके अंदर के महान विजेता को सामने लाने में मेरा योगदान है।

अब आपके शीर्ष पर जाने का समय है।

अपने सपनों के लिए काम पर लग जाओ।

अजेय रहो।

अनुक्रमणिका

प्रस्तावना

मैं सचेत प्रयास से अपने जीवन को ऊपर उठाने की मनुष्य की निर्विवाद क्षमता से अधिक उत्साहजनक तथ्य नहीं जानता।

– हेनरी डेविड थॉरो

जब मैं बच्चा था तो जब भी हम आसमान में किसी हवाई जहाज को उड़ते देखते थे तो मैं उसे निहारता रहता था और मेरे शरीर का रोम-रोम यह कहता था कि एक दिन मैं भी हवाई जहाज में उड़ूँगा। हमने एक अच्छी गाड़ी को नज़दीक से गुज़रते हुए देखा और हमने अपने लिए भी एक गाड़ी ख़रीदने का सपना देखा। हमने लोगों को विदेश यात्राओं पर जाते देखा और हमें भी अपने माता-पिता और परिवार के सदस्यों को विदेश यात्राओं पर ले जाने की इच्छा महसूस हुई। आजकल हम सोशल मीडिया पर बड़ी गाड़ियाँ, प्राइवेट विमान, विदेशी छुट्टियों की तसवीरें देखते हैं और हम भी सपना देखते हैं कि किसी दिन हम भी उन चीज़ों का आनंद लेंगे। मेरा दृढ़ विश्वास है कि सपने हमारे अस्तित्व का आधार हैं और हम सब के सपने होते हैं।

अपने 2 दशकों के व्यवसायी करियर के दौरान, मुझे 2 मिलियन से अधिक लोगों के साथ ट्रेनिंग और काम करने का अवसर मिला और इन सब लोगों में भी मैंने यह पाया कि हर इंसान के दिल में कोई ना कोई सपना ज़रूर होता है। हर कोई बेहतर जीवन, बेहतर स्वास्थ्य, अधिक पैसा, बड़ी गाड़ी, बेहतर जीवनशैली इत्यादि चाहता है, लेकिन हर कोई अपने सपनों को पूरा नहीं कर पाता क्योंकि सिर्फ़ बड़ी गाड़ी लेने के बारे में सोचने या बात करने से आपको वह गाड़ी नहीं मिलेगी। सपनों को पूरा करने के लिए उनके बारे में सोचने के अलावा और भी बहुत कुछ करना होता है और यह

किताब आपके लिए संपूर्ण मैनुअल है जो आपको अपने सपनों को हक़ीक़त में बदलने के लिए जो कुछ भी करने की ज़रूरत है उसके बारे में संपूर्ण, क़दम दर क़दम जानकारी देगी।

आपके सपनों को हक़ीक़त में बदलने के लिए 5 क़दम हैं और सपने देखना उनमें से पहला है। सपना महत्त्वपूर्ण है क्योंकि यह दिशा निर्धारित करता है और इस पूरी प्रक्रिया को शुरू करवाता है। यदि आपका कोई सपना है और आप उसे पूरा करने के लिए प्रतिबद्ध हैं तो यह पुस्तक आपको उस सपने को हक़ीक़त में बदलने के लिए सोचने, विश्वास करने और करने के लिए आवश्यक हर चीज़ का स्पष्ट चरण-दर-चरण रोडमैप देती है।

जीवन के विभिन्न क्षेत्रों में सफल हज़ारों लोगों के साथ काम करने के बाद, मैंने सपनों को पूरा करने की प्रक्रिया को एक सरल मॉडल में बदल दिया है, जिसका पालन करके कोई भी 5 चरणों में अपने सपनों को वास्तविकता में बदल सकता है। इसे समझना सरल है, लागू करना आसान है और कोई भी इसे अपने किसी भी सपने को पूरा करने के लिए उपयोग कर सकता है। तो चाहे यह आपके बिज़नेस में सफलता का सपना हो या नौकरी में तरक़्क़ी पाने का, चाहे यह स्कूल में अच्छे नंबर प्राप्त करने का सपना हो या वज़न कम करने का या अपने व्यावसायिक करियर में बड़ी सफलता हासिल करने का, जो भी आपका सपना है, आप इस सिद्ध मॉडल का उपयोग उस सपने को हक़ीक़त बनाने के लिए कर सकते हैं।

इस 5 चरण वाले मॉडल के बारे में एक विशेष बात यह है कि यह ना केवल यह सुनिश्चित करता है कि आप अपने सभी सपने हासिल करेंगे, बल्कि आप उन्हें बिना किसी तनाव के हासिल करेंगे। यह आपके सपनों को पूरा करने का एक बहुत ही समग्र तरीक़ा है जिसमें ब्रह्मांड भी पूरी यात्रा में आपका समर्थन करेगा। मैं आपके नए जीवन की कामना करता हूँ और मैं चाहता हूँ कि आप अपने सपने सिर्फ़ लिखें बल्कि अपने सपनों को जिएँ। और अपने सपनों के सफ़र के दौरान इस एक बात को कभी मत भूलिएगा -

फ़र्क़ इस बात से नहीं पड़ता कि आपकी ज़िंदगी में दिन कितने हैं; फ़र्क़ इस बात से पड़ता है कि आपके दिनों में ज़िंदगी कितनी है।

1

सपने

सपनों और लक्ष्यों के बिना कोई जीवन नहीं है, केवल मौजूदगी है, और हम यहाँ इसके लिए नहीं आए हैं।

– मार्क ट्वेन

सपना वो है जहाँ से यह सब शुरू होता है। इस दुनिया में हर चीज़ किसी के सपनों का फल है। यहाँ तक कि आपका और मेरा इस धरती पर होना हमारी माँ और पिताजी के एक सपने का फल है। सबसे छोटे प्रोडक्ट और सेवाओं से लेकर विशाल शहरों और बड़ी परियोजनाओं तक सब कुछ किसी के सपने का परिणाम है। यहाँ तक कि यह पुस्तक जो आप अभी पढ़ रहे हैं, वह मेरे कुछ ज्ञान और टूल्स को आपके साथ साँझा करने के मेरे सपने का परिणाम है जो मैंने अपने सपनों पर काम करने के पिछले 3 दशकों में एकत्र किए हैं।

सपनों की शक्ति के बारे में सैकड़ों किताबें लिखी गई हैं और हर दिन लेखकों, विचारकों और प्रशिक्षकों द्वारा सपनों के बारे में नई अवधारणाएँ पेश की जाती हैं। मैं भी आपको बहुत सारी परिभाषाएँ दे सकता हूँ, लेकिन मेरे कोच हमेशा मुझे एक बात कहते हैं – एक सलाहकार और ट्रेनर होने के नाते हमारी यह ज़िम्मेदारी है कि हम जटिल चीज़ों को सरल विचारों और समाधानों में बदल कर आप सब को प्रस्तुत करें ताकि हम सभी के लिए परिवर्तन को आसान और तेज़ बना सकें।

मेरा दृढ़ विश्वास है कि सपने जीवन की आत्मा हैं। एक बीज पौधा बनता है और फिर पेड़। माँ के गर्भ में एक नन्ही सी जान एक छोटे शिशु के रूप में जन्म लेती है और हर दिन बढ़ता हुआ बच्चा, टीनेजर और फिर एक वयस्क बन जाता है। ब्रह्मांड हमेशा हमें संकेत देता रहा है कि जीवन विकास के अलावा और कुछ नहीं है। मैं हमेशा अपने प्रशिक्षुओं से कहता हूँ कि विकास ही जीवन का एकमात्र प्रमाण है। यदि आप विकसित नहीं हो रहे हैं तो आप वास्तव में जीवित नहीं हैं, आप मर रहे हैं।

आपके जीवन के पहले कुछ वर्षों के लिए, आपका विकास आपके माता-पिता और ब्रह्मांड की ज़िम्मेदारी है, लेकिन एक बार जब आप बड़े हो जाते हैं, तो आपका विकास पूरी तरह से आपकी ज़िम्मेदारी बन जाता है। आपके माता-पिता, शिक्षक, गुरु, ट्रेनर और ब्रह्मांड आपको प्रेरित या सशक्त बना सकते हैं लेकिन ज़िम्मेदारी हमेशा आपकी ही रहेगी। निरंतर बढ़ने और ऊपर उठने की इस ज़िम्मेदारी को मैं सपनों का नाम देता हूँ।

मेरी नानी कहा करती थीं कि इस दुनिया में 84 लाख अलग-अलग जीव हैं और इंसान सबसे श्रेष्ठ है। जो चीज़ हमें ईश्वर की सर्वश्रेष्ठ रचना बनाती है वह यह है कि इस धरती पर लाखों जीवित प्राणियों में से केवल हम इंसान ही हैं जिनके पास सपने देखने की शक्ति है, अपनी क़िस्मत बदलने की शक्ति है।

एक कुत्ता, बिल्ली या कबूतर यह नहीं बदल सकते कि वे कहाँ रहते हैं, क्या करते हैं और कैसे रहते हैं लेकिन हम इंसान बदल सकते हैं और यही हमारी सबसे बड़ी ताक़त है। एक पुरुष या महिला यह चुन सकते हैं कि वे अपना जीवन कैसे जीना चाहते हैं, भले ही उनका जन्म किसी भी परिस्थिति में हुआ हो। हम एक पूरी तरह से नए जीवन से सिर्फ़ एक निर्णय और कुछ क़दम दूर हैं और सबसे अच्छी बात यह है कि हम यह निर्णय कभी भी ले सकते हैं। मैं आगे बढ़ने के इस फ़ैसले को सपना कहता हूँ।

प्रत्येक जीव जो ज़िंदा है, वो खाता है, आराम करता है, खेलता है, सोता है, काम करता है और मर जाता है, लेकिन केवल हम इंसान ही हैं जिनके पास सपने देखने और इस सामान्य जीवन से कहीं ऊपर एक शानदार जीवन जीने की शक्ति है। मेरा दृढ़ विश्वास है कि ब्रह्मांड या हमारा निर्माता चाहता है कि हम लगातार विकसित हों और विकास की खोज ही एक इंसान होने का सार है। यदि प्रकृति नहीं चाहती कि हम विकसित हों, तो वह हमें सपने देखने की यह अविश्वसनीय शक्ति क्यों देती। लगातार बढ़ना हमारा सबसे बड़ा अधिकार है और इसका उपयोग नहीं करना ईश्वर का सबसे बड़ा अपमान है। आपको बहुत सारी प्रतिभा, क्षमता, संसाधन और अवसर मिले हैं। आप क्या सोचते हैं कि क्या होगा यदि आप अपनी मृत्यु के बाद ईश्वर से मिलें और उसे बताएँ कि ईश्वर ने आपको जो सारी प्रतिभा, शक्ति और संसाधन दिए थे, आप उन्हें बिना छुए और बिना इस्तेमाल किए

वापस ले आए हैं? क्या आपको लगता है कि आपके निर्माता को आप पर गर्व होगा? निश्चित रूप से नहीं।

मैं जीवन को इस एक सरल समीकरण के साथ देखता हूँ –

सपने	=	विकास
विकास	=	जीवन
इसलिए सपने देखना	=	जीना और
सपने नहीं देखना	=	मृत्यु

मैंने कई साल पहले यह कमाल की बात पढ़ी थी – ज्यादातर लोग 30 साल की उम्र में मर जाते हैं, वे बस 75 साल की उम्र में दफ़नाये जाते हैं। जब किसी व्यक्ति के अंदर सपना मर जाता है, तो वह व्यक्ति अब ज़िंदा नहीं है, वह सिर्फ़ पाल रहा है और बस साँसें ले रहा है।

इसलिए आप जहाँ भी हों और जो कुछ भी करते हों, वर्तमान में आप जिस भी परिस्थिति में जी रहे हों, बस विश्वास करें कि आज आपके बचे हुए जीवन का पहला दिन है और आप अपने जीवन को अपनी इच्छानुसार डिजाइन कर सकते हैं। बस अपने आप को प्रतिबद्ध करें कि आप अपने बचे हुए जीवन को सर्वश्रेष्ठ बनाएँगे और जब आप अपने अंदर उस इच्छा को महसूस करते हैं, तो कृपया याद रखें कि ईश्वर आपको जब भी कोई सपना देते हैं तो उसे पूरा करने की शक्ति भी साथ में देते हैं। आपको बस उस शक्ति पर दावा करना है और वह आपकी है।

यदि आप कभी सपने नहीं देखते हैं, तो आप यह कभी नहीं
जान पाएँगे कि आप क्या बन सकते हैं।

– अन्नेत्ते वाइट

जब सपने इतने अद्भुत होते हैं, तो क्यों बहुत से लोग सपनों से डरते हैं या क्यों एक साधारण से जीवन को जीते हुए पूरी ज़िंदगी निकाल देते हैं।

बहुत से लोगों का सपनों पर से विश्वास उठ गया है क्योंकि उन्होंने कई बार कोशिश की लेकिन उन्हें वह नहीं मिला जो वे चाहते थे। ऐसे कई कारण थे जिनकी वजह से वे अपना सपना पूरा नहीं कर पाए, लेकिन उनके मन में

यह झूठी धारणा घर कर गयी कि वे अपने लक्ष्य हासिल नहीं कर सकते। कुछ अन्य लोग भी हैं जो महसूस करते हैं कि सपना संघर्ष और चुनौती लेकर आएगा, क्यों ना हम जहाँ भी हों आराम से रहें और आनंद लें।

बचपन में हम सभी के पास इच्छाओं की एक बड़ी सूची होती थी और हम सभी बहुत कुछ पाना, बहुत कुछ करना या बहुत कुछ बनना चाहते थे। हमारे सपनों पर कोई सीमा नहीं थी और हमें सचमुच विश्वास था कि सब कुछ संभव है। लेकिन जैसे-जैसे हम आगे बढ़े, हमारे स्कूल, कॉलेज, रिश्तेदार और हमारे वातावरण ने हमारा खुद पर विश्वास कमज़ोर कर दिया और इस ग़लत धारणा को मजबूत कर दिया कि सपने सच नहीं होते। हमने अपनी शक्तियाँ छोड़ दीं और सपने देखना बंद कर दिया। हमने तो बस यही सीखा कि भीड़ का अनुसरण कैसे किया जाता है।

जीव विज्ञान के अनुसार, जिन स्किल्स का उपयोग नहीं किया जाता है वे बेकार या कम कार्यात्मक हो जाते हैं। यदि आप अपने पैरों का उपयोग नहीं करते हैं तो वे दिन पर दिन कमज़ोर होते जाते हैं; यदि आप अपनी बाजुओं का उपयोग नहीं करते हैं तो वे खुद ही कमज़ोर हो जाती हैं। जब अधिकांश लोगों लंबे समय तक अपनी सपने देखने की शक्ति का उपयोग नहीं करते हैं तो ये बेमिसाल ताक़त भी उनके लिए बेकार हो जाती है। मैं आपको आपकी अनंत शक्तियों की याद दिलाना चाहता हूँ और आपके किसी भी सपने को पूरा करने के लिए आपके अंदर उस आग को फिर से जगाना चाहता हूँ।

क्या आपको याद है कि चलना सीखने से पहले आप कितनी बार गिरे थे? आप महीनों तक रेंगते रहे, आपको खड़े होने के लिए मेज़ या पलंग का सहारा लेना पड़ा और इसमें आपको सैकड़ों प्रयास करने पड़े। फिर एक दिन आप बिना किसी सहारे के खड़े हो गए। केवल कुछ फ़ीट चलने के लिए आपको सैकड़ों बार गिरना पड़ा। आपके आसपास लोग थे जो आपको गिरते हुए देख रहे थे, आप बार-बार असफल हुए लेकिन हर बार आपने फिर प्रयास किया। आपने कभी इसकी परवाह नहीं की कि दूसरे क्या सोच रहे हैं। आपका चलने का सपना था और आप तब तक नहीं रुके जब तक आपने चलना शुरू नहीं कर दिया।

मुझे एक ऐसा व्यक्ति दिखाओ जो साइकिल चलाना सीखने से पहले कई बार नहीं गिरा हो। हम सब गिरे और बार-बार गिरे। लेकिन उस

साइकिल को चलाने की हमारी इच्छा इतनी प्रबल थी कि हमने असफलता, निराशा या असफल प्रयासों की संख्या या दूसरों द्वारा उपहास की कभी परवाह नहीं की। हम गिरे और तुरंत उठ गए। हमारे दिमाग़ में यह बात दर्ज ही नहीं हुई कि कुछ भी करने की असफल कोशिशों को विफलता कहा जाता है। हमने तो बस अपने प्रयासों को लगातार जारी रखा। साइकिल चलाने के लिए गिरना एक स्वाभाविक क़दम था।

यदि आपमें से किसी ने कोई संगीत यंत्र या नृत्य सीखा है, तो आप जानते हैं कि उस एक ख़ास स्वर या एक सही नृत्य चाल को पाने के लिए कितने हज़ारों प्रयास करने पड़ते हैं।

लेकिन अब हमें क्या हो गया है? हमने नई चीज़ों को आज़माने और किसी नए कौशल या गतिविधि को सीखने के लिए लगातार प्रयास करने की अपनी भूख कहाँ खो दी है? हमने खुद को सफल कहने के लिए इतनी सारी शर्तें कब लगानी शुरू कर दी? क्यों हम हर प्रयास को सफलता या असफलता से परिभाषित करने लगे हैं। प्रयास तो प्रयास है। आख़िरकार तुम्हें यह मिल ही जाएगा लेकिन छोड़ना क्यों? मैं बस आपको यह बताना चाहता हूँ कि आपने अपने जीवन की शुरुआत सही की थी लेकिन रास्ते में आप भटक गए और कुछ ग़लत धारणाएँ पाल लीं जो हानिरहित लगती थीं और ऐसे लोगों से आई थीं जो हमें प्यार करते थे लेकिन अंत में वे सुरक्षा जाल हमारी सीमाएँ बन गए।

अपने अंदर की उन शक्तियों को जगाएँ जिनका उपयोग आपने चलना, बात करना, साइकिल चलाना, ए.बी.सी. सीखने और ना जाने क्या-क्या सीखने में किया था। दोबारा परीक्षण करें कि आप सफलता या विफलता को कैसे परिभाषित करते हैं। आप अपने प्रयासों को जो अर्थ देते हैं उसे दोबारा परिभाषित करें और सपने देखने की अपनी शक्ति को दोबारा ज़िंदा करें।

एक कार गैरेज में सुरक्षित रहती है लेकिन वह इसके लिए नहीं बनी है। एक जहाज किनारे में सुरक्षित है लेकिन वह इसके लिए नहीं बना है। जूता आपकी अलमारी के अंदर जूते के डिब्बे में सुरक्षित है लेकिन वह इसके लिए नहीं बना है। उसी तरह, मनुष्य भी अपने वर्तमान आराम क्षेत्र में सुरक्षित दिख सकते हैं लेकिन हम यहाँ इसके लिए नहीं हैं। हम अपनी अधिकतम क्षमता को उजागर करने के लिए संभावनाएँ तलाशने और

अवसरों का लाभ उठाने के लिए यहाँ हैं। हम यहाँ कुछ ऐसा बनाने के लिए हैं जो हमारे बाद भी रहेगा। हम इस दुनिया में उन नई ऊँचाइयों को छूने के लिए हैं जो हमें और दुनिया को चकित कर देंगी और जो आने वाली पीढ़ियों को और अधिक करने और अधिक बनने के लिए प्रेरित करेंगी।

दीपक चोपड़ा के अनुसार, जीवन में सफलता को अपनी ख़ुशी को लगातार बढ़ाना और सुयोग्य लक्ष्यों की लगातार प्राप्ति के रूप में परिभाषित किया जा सकता है।

यदि आप सोचते हैं कि सपने आपके जीवन में तनाव लाएँगे, तो मैं आपका ध्यान दिलाना चाहूँगा कि तनाव बुरा नहीं है। ऐसे अध्ययन हुए हैं जो साबित करते हैं कि कुछ मात्रा में तनाव लंबे और स्वस्थ जीवन की कुंजी है। 20 वर्षों से अधिक समय तक परीक्षण विषयों के एक समूह का अवलोकन करने के बाद, कैलिफ़ोर्निया विश्वविद्यालय, रिवरसाइड में मनोविज्ञान के प्रोफ़ेसर डॉ. हॉवर्ड एस. फ्रीडमैन ने पाया कि जिन लोगों ने कम स्तर का तनाव बनाए रखा, जिन्होंने चुनौतियों का सामना किया और सफल होने के लिए अपने काम में जी–जान लगाई, वे उन लोगों की तुलना में ज़्यादा समय तक जीवित रहे जिन्होंने अधिक आरामदायक जीवनशैली चुनी और पहले रिटायर हो गए।

भविष्य उनका है जो अपने सपनों की
सुंदरता में विश्वास करते हैं।

– एलेनोर रोसवैल्ट

यहाँ नीचे सपनों के बारे में मेरी कुछ अंतर्दृष्टि हैं जो सपनों के साथ मेरे तीन दशकों के क़रीबी अनुभव ने मुझे सिखाई हैं –

दूसरों को प्रभावित करने के लिए सपने नहीं देखें, खुद को अभिव्यक्त करने के लिए सपने देखें

गाड़ी ख़रीदने का सपना सिर्फ़ इसलिए नहीं देखें क्योंकि आपके क़रीबी लोगों में हर किसी को वह कार पसंद है। केवल इसलिए उस रैंक या घर या विदेशी छुट्टी को प्राप्त करने के बारे में बात नहीं करें क्योंकि वो ट्रेंडिंग या लोकप्रिय है। एक ऐसा सपना देखें जो आपके दिल के क़रीब हो और जो आपकी सर्वश्रेष्ठता को सामने लाए। एक ऐसा सपना देखें जो हर सुबह आपकी आँखों में चमक के साथ आपको जगा दे और आप उस सपने को पूरा करने के लिए बिना रुके मेहनत कर सकें।

जब कुछ करने या कुछ हासिल करने की प्रेरणा बाहरी तत्वों पर आधारित होती है, तो यह अल्पकालिक होती है, लेकिन जब कुछ हासिल करने की प्रेरणा अंदर से आती है, तो यह आपको सपने हासिल करने की यात्रा में जुनून, ताक़त और गहरी संतुष्टि देगी। प्रत्येक सपने के लिए कड़ी मेहनत, प्रतिबद्धता, बलिदान और लंबे समय की आवश्यकता होगी और कोई भी अन्य लोगों को प्रभावित करने के लिए लंबे समय तक इन सबको क़ायम नहीं रख सकता है। कृपया याद रखें – कुछ ऐसा करना जो आप नहीं करना चाहते उसे तनाव कहा जाता है और कुछ ऐसा करना जिसे आप पसंद करते हैं उसे जुनून कहा जाता है। तो अपने सपने को यह जानने का अवसर बना लें कि आप कौन हो सकते हैं और आप क्या कर सकते हैं। अपने सपने को अपनी छिपी क्षमता को व्यक्त करने का उत्प्रेरक बनने दें।

फ़र्क़ सिर्फ़ इस बात से नहीं पड़ता कि आपके सपने कितने बड़े हैं, बल्कि फ़र्क़ इस बात से पड़ता है कि आप अपने सपनों को कितने समय तक जीवित रख सकते हैं।

हर कोई बड़े सपनों के बारे में बातें करता है और बड़ी-बड़ी बातें करना फ़ैशन बन गया है। लेकिन यदि आप एपल, मेटा, अमेज़ॉन, रिलायंस, अलीबाबा, इंफ़ोसिस या गूगल जैसी बड़ी सफलता की कहानियों के संस्थापकों का अध्ययन करते हैं, तो ये कंपनियाँ आज उन ऊँचाइयों से भी ऊँचे मुक़ामों को छू चुकी हैं, जो उनके संस्थापकों ने मूल रूप से सपने में देखा था। संस्थापक के पास केवल एक विचार और दूरदृष्टि थी कि वह विचार कहाँ तक जा सकता है। यह दूरदृष्टि उनके मौजूदा ज्ञान और बाज़ार

की स्थितियों पर आधारित थी। उन्होंने पूरे विश्वास के साथ इस विचार पर काम किया और सभी चुनौतियों पर विजय प्राप्त की और जैसे-जैसे उन्होंने एक के बाद एक मील के पत्थर हासिल किए, सपना बढ़ता गया और अब जब वे पीछे मुड़कर देखते हैं, तो उन्होंने जो बनाया है वह उनके मूल सपने से कहीं अधिक बड़ा है। तो अनिवार्य रूप से खेल केवल बड़े सपने देखना नहीं है, बल्कि यह सभी असफलताओं और चुनौतियों के बावजूद उस सपने को जीवित रखने और हर जीत के साथ सपने को विस्तारित करने का है।

आप जो करते हैं उससे प्यार करें और वही करें जो आपको पसंद है। ऐसे किसी इंसान की बात नहीं सुनें जो आपको ऐसा करने से मना करे। आप वही करें हैं जो आप चाहते हैं, जो आपको पसंद है। कल्पना आपके जीवन का केंद्र होनी चाहिए।

– रे ब्रैडबरी

अपने रिश्तेदारों या दोस्तों की बातें सुनकर अपने सपनों को नहीं छोड़ें

एक बड़े सपने देखने वाला होने के नाते, विपरीत विचारों की सुनामी के बीच अपने सपनों को सुरक्षित रखने की ज़िम्मेदारी आपकी है। यदि मैं कहूँ कि आपके अधिकांश रिश्तेदार और मित्र वास्तव में नहीं चाहते कि आप जीवन में कुछ बड़ा हासिल करें, तो आप शायद इस पर विश्वास नहीं करें। वे सब यह बात भलीभाँति समझते हैं कि यदि आप बड़े सपने देखते हैं और यदि आप अपने सपनों के लिए काम करते हैं, तो आप एक बड़े और बेहतर इंसान बन जाएँगे। तब आप बेहतर मित्रों के साथ समय बिताना पसंद करेंगे, बेहतर स्थान पर रहना पसंद करेंगे, बड़ी-बड़ी बातें करेंगे, और जीवन को और शानदार जीवनशैली के साथ जीना पसंद करेंगे और हो सकता है कि आपके पुराने दोस्त और रिश्तेदार उस जीवनशैली में फ़िट नहीं हों। उस स्थिति में, उनके पास केवल दो विकल्प होंगे या तो वे अपना स्तर ऊपर ले जाएँ या फिर आपका उनसे रिश्ता टूट जाएगा। स्तर बढ़ाना उनके लिए बहुत मुश्किल होगा और इसके लिए उनको कड़ी मेहनत करनी पड़ेगी,

इसलिए उन्हें ऐसा लगता है कि इससे बेहतर रणनीति यह है कि वे आपको सम्मोहित कर दें और यह विश्वास दिला दें कि बड़े सपने देखना आपके समय और ऊर्जा की बर्बादी है। वे आपको झूठी कहानियाँ और सबूत तब तक देते रहेंगे जब तक आप छोटे बने रहने और पुराने जैसे ही बने रहने का फ़ैसला नहीं कर लेते।

कभी-कभी मुझे लगता है कि आपके कम सपने देखने वाले दोस्तों या रिश्तेदारों को भगवान ने आपके जीवन में यह जाँचने के लिए भेजा है कि क्या आप वास्तव में अपने सपनों के प्रति गंभीर हैं या नहीं। मैं जानता हूँ कि यह कठिन है, लेकिन आपको इससे गुजरना होगा। और अगर आप ऐसे दोस्तों और रिश्तेदारों के बीच घिरे हैं जिनके सपने बहुत छोटे हैं, तो उनकी सोच को बदलने की कोशिश भी नहीं करें। यह कभी नहीं होगा। इसके बजाय अपना सारा समय और ऊर्जा अपने सपने को पूरा करने पर केंद्रित करें और बस चलते रहें। इस पृष्ठ पर क्यू आर कोड को स्कैन करें और आप एक बहुत ही विशेष वीडियो देख सकते हैं जिसमें मैंने विस्तार से बताया है कि जब आप बड़े सपने देखना शुरू करेंगे तो क्या होगा और इसे कैसे सँभालना है। वीडियो का टाइटल है-

मेरे गुरु की 4 बातें जिन्होंने मेरी ज़िंदगी बदल दी। आप इस वीडियो को मेरे यूट्यूब चैनल - दीपक बजाज पर जा कर भी देख सकते हैं।

यूट्यूब वीडियो - मेरे गुरु की इन 4 बातों ने मेरी ज़िंदगी बदल दी

याद रखें, आपके दोस्त और रिश्तेदार यह ज़रूर चाहते हैं कि आप जीवन में बेहतर करें लेकिन वे यह कभी नहीं चाहते कि आप उनसे बेहतर बनें।

एक इंसान होने का मतलब है अपनी भूख और अपने सपनों,
और अपने आस-पास की सामाजिक वास्तविकताओं और
अपने साथी लोगों के प्रति अपने दायित्वों के बीच
तनाव की स्थिति में रहना।

– जॉन अपडाइक

जैसे ही कोई एक सपना पूरा होने के क़रीब पहुँचने लगे, तो आप एक नया बड़ा सपना निर्धारित करें।

किसी सपने का पूरा होना आपके लिए क्या करता है? जैसे ही आप एक सपना हासिल करते हैं, यह आपके विश्वास को बढ़ाता है कि आप क्या हासिल कर सकते हैं। साथ ही, किसी सपने को पूरा करने की यात्रा आपके आत्मविश्वास और आपके कौशल को कई गुना बढ़ा देती है। अपने सपनों को पूरा करने के लिए बाधाओं को पार करने की यात्रा आपकी भावनात्मक महारत को भी मजबूत करती है। इसलिए, जब भी आप किसी सपने को पूरा करने वाले हों, तो इन नई मान्यताओं, आत्मविश्वास और कौशल के साथ, आपको कुछ बड़ा या बेहतर करने का एक नया लक्ष्य बनाना चाहिए। जैसे ही आप एक सपने को पूरा करने के क़रीब हों, तो याद रखें कि यह रुकने का समय नहीं है, यह ऊँची उड़ान भरने और एक बड़ा सपना निर्धारित करने का समय है।

इन तसवीरों को देखें

अमिताभ बच्चन, जेफ़ बेजोस, मार्क जुकरबर्ग, नारायण मूर्ति, नरेंद्र मोदी, रोनाल्डो और मुकेश अंबानी। इन सभी लोगों के पास हममें से किसी से भी कही ज़्यादा प्रसिद्धि, प्रभाव और धन है लेकिन फिर भी ये लोग आज पहले से कही ज़्यादा मेहनत कर रहे हैं। उन्हें इतनी मेहनत करने के लिए क्या प्रेरित करता है? –सपने।

यदि ये सभी लोग भारी सफलता, धन, प्रसिद्धि और प्रभाव प्राप्त करने के बाद भी कड़ी मेहनत कर रहे हैं, तो आपका बहाना क्या है?

मेरे गुरुजी हमेशा मुझसे कहते हैं कि जब बात आपकी उपलब्धियों की आती है तो सवाल यह नहीं है कि कहाँ से यहाँ तक, असली सवाल है यहाँ से कहाँ तक। हमेशा याद रखें कि यदि आप शून्य से शुरू करके सफलता के अपने वर्तमान स्तर को प्राप्त कर सकते हैं, तो जरा कल्पना करें कि आप अपने वर्तमान कौशल, आत्मविश्वास और अनुभव के साथ कहाँ तक पहुँच सकते हैं। कल्पना कीजिए कि आप अपने अनुभव और दूरदर्शिता से कितने और लोगों के जीवन को प्रभावित कर सकते हैं।

एक समय पर 3 से अधिक प्रमुख सपनों पर काम नहीं करें

हम सभी के बहुत सारे सपने होते हैं और हम वास्तव में उन सभी को पूरा करना चाहते हैं। यह शानदार है। अपने किसी भी सपने को कभी नहीं छोड़ें। एक ज़िंदगी है, क्यों ना अपना हर सपना पूरा करें। लेकिन यह भी याद रखें कि सपनों को पूरा करने के लिए गहन फ़ोकस, समय और संसाधनों की आवश्यकता होती है। कई संयोजनों को आज़माने के बाद, मुझे अहसास हुआ कि हम सभी किसी भी समय 3 से अधिक बड़े सपनों पर प्रभावी ढंग से काम नहीं कर सकते हैं। एक बार जब आप उनमें से किसी एक को हासिल कर लें तो एक और चुनें और उन्हें एक के बाद एक करके हासिल करना जारी रखें।

मैं अपने शीर्ष 3 सपनों को अंतिम रूप देने के लिए व्यक्तिगत रूप से इस सरल 3 चरणों वाली प्रक्रिया का पालन करता हूँ –

1. मैं अपने सभी सपनों की एक सूची बनाता हूँ। मैं जो कुछ भी हासिल करना चाहता हूँ, वो सब सपनों कि सूची में लिख देता हूँ।
2. फिर इस सूची में से, मैं 3 ऐसे सपने छाँट लेता हूँ, जिनके बारे में मुझे ऐसा लगता है कि इन 3 को हासिल करने से मुझे अपार सफलता और संतुष्टि का अहसास होगा।
3. उन 3 लक्ष्यों की पहचान करने के बाद मैं खुद से यह सरल प्रश्न पूछता हूँ, अगर मैं इन 3 लक्ष्यों को हासिल कर लेता हूँ तो क्या मैं अपने जीवन को अच्छी तरह से जीया हुआ जीवन मानूँगा। यदि मेरा उत्तर स्पष्ट हाँ है, तो मैं अन्य सभी लक्ष्यों को भूल जाता हूँ और इन 3 लक्ष्यों को प्राप्त करने में अपना जीवन लगा देता हूँ।

आप में से कुछ लोग निराश हो सकते हैं क्योंकि मैंने आपसे आपके सपनों की बड़ी सूची में कटौती करने के लिए कहा है, लेकिन मेरा विश्वास करें कि 3 बड़े लक्ष्य हासिल करना किसी एक को भी हासिल नहीं करने से कहीं बेहतर है। फ़ोकस नई मुद्रा है। जब आप किसी चीज़ पर पूरे दिल से ध्यान केंद्रित करते हैं, तो उसे पूरा करने की संभावना कई गुना बढ़ जाती है। मैंने अपनी चौथी किताब में एक अध्याय लिखा था – साधारण

लोग असाधारण फ़ोकस के साथ, असाधारण उपलब्धियाँ हासिल कर सकते हैं।

सफल लोग जानते हैं कि उन्हें कई काम करने की ज़रूरत है–
और प्रभावी ढंग से करने की। इसलिए, वे अपना समय और
ऊर्जा एक समय में एक ही काम करने पर केंद्रित करते हैं –
और पहला काम पहले करने पर।

– पीटर ड्रकर

संतुष्टि सिर्फ़ एक बहाना है जो कामचोर लोग देते हैं

आगे नहीं बढ़ पाने के लिए कभी भी संतुष्टि या अपनी वर्तमान उपलब्धियों को बहाना नहीं बनाएँ। आपने जो हासिल कर लिया है उसके लिए हमेशा आभारी रहें और अगले स्तर की उपलब्धियों के लिए काम करते रहें। हम सभी के अंदर महानता के बीज हैं और सपने हमें उन बीजों को बाहर लाने और अपनी सबसे बड़ी क्षमता को जीने का अवसर देते हैं।

ऐसा ज़रूरी नहीं है कि सब लोग, हर समय सिर्फ़ ज़्यादा पैसा कमाने का ही सपना देखें

पैसा अच्छा है। हम सभी को अच्छा जीवन जीने के लिए पैसों की आवश्यकता होती है। लेकिन एक अच्छा जीवन जीने के लिए ख़ास तौर पर आपको कितने पैसे की आवश्यकता है, इसका निर्णय केवल आपको ही करना है। दरअसल जो ज़िंदगी मेरे हिसाब से अच्छी है वो आपके हिसाब से अच्छी नहीं हो सकती। हम सभी एक दूसरे से अलग हैं और हमें अपनी विशिष्टता की क़द्र करनी चाहिए और उसका जश्न मनाना चाहिए। यदि आपके सभी रिश्तेदारों और दोस्तों को लक्ज़री गाड़ी पसंद है लेकिन आप इसके बजाय ज़्यादा घूमना पसंद करते हैं, तो यह बिलकुल ठीक है। यह आपका जीवन है और अपने जीवन के लिए यह आप चुनेंगे कि आपके लिये अच्छे जीवन की क्या परिभाषा है। आपके लिए क्या मायने रखा है और वास्तव में आपको क्या उत्साहित करता है।

मैंने बार-बार देखा है कि इस दुनिया में सबसे ख़ुश लोग वे हैं जिनके जीवन में ये दो चीज़ें हैं-

1. सफलता की उनकी अपनी स्पष्ट परिभाषा है।
2. उन्होंने अपने जीवन और दैनिक कार्यों को इस परिभाषा के अनुसार डिजाइन किया है।

इसलिए परिभाषित करें कि सफलता का आपकी नज़रों में क्या मतलब है और सफलता की अपनी उस परिभाषा के ऊँचे स्तर पर पहुँचने के लिए मेहनत जारी रखें।

ब्रेकथ्रू लक्ष्य

किसी भी इंसान के लिए सबसे बड़ा ख़तरा ऊँचा लक्ष्य रखकर उसमें असफल होना नहीं है, बल्कि छोटा लक्ष्य रखकर उसमे सफल होना है।

– माइकल एंजेलो

व्यक्तिगत रूप से, मेरे लिए ब्रेकथ्रू लक्ष्यों की इस अवधारणा ने मुझे वास्तव में शानदार जीवन जीने में सबसे ज़्यादा मदद की है। ब्रेकथ्रू लक्ष्यों के साथ काम करने से मुझे बहुत ख़ुशी, लगातार बढ़ते प्रभाव, गहरी संतुष्टि और दिव्य चेतना के साथ आध्यात्मिक संबंध की कुंजी मिली है। मैं आपको भी प्रोत्साहित करना चाहता हूँ कि आप भी अपने लिए एक ब्रेकथ्रू लक्ष्य निर्धारित करें और उसकी प्राप्ति में पूरे दिल से समर्पित हो जाएँ।

एक ब्रेकथ्रू लक्ष्य इतना बड़ा लक्ष्य है कि यदि आप इसे हासिल कर लेते हैं, तो यह उस प्लेटफ़ॉर्म को पूरी तरह से बदल देगा जहाँ से आप अपना जीवन संचालित करते हैं। यह इतना बड़ा है कि एक बार जब आप इसे हासिल कर लेंगे, तो आप पूरी तरह से एक अलग व्यक्ति बन जाएँगे और एक बिलकुल नया जीवन जीएँगे। यह मूल रूप से विस्तार करेगा कि आप कौन हैं, आप क्या करते हैं और कैसे करते हैं। यह आपकी मानसिकता, विश्वास, दूरदृष्टि, योग्यता और काम करने के तरीक़े को हमेशा के लिए बदल देगा। एक ब्रेकथ्रू लक्ष्य वह है जहाँ आप वृद्धिशील प्रगति के

लिए कोई लक्ष्य निर्धारित नहीं करते हैं, बल्कि आप आश्चर्यजनक रूप से कम समय में तेज़ी से बढ़ने का लक्ष्य रखते हैं और आप कुछ ऐसा करने का लक्ष्य रखते हैं जो आपने पहले कभी नहीं किया है।

जब आप अपने आप को एक ब्रेकथ्रू लक्ष्य की प्राप्ति के लिए समर्पित कर देते हैं, तो सबसे महत्त्वपूर्ण बात यह नहीं है कि आपको क्या मिलता है, बल्कि यह है कि आप उस लक्ष्य को प्राप्त करने की प्रक्रिया में क्या बन गए। परिभाषा के अनुसार, एक ब्रेकथ्रू लक्ष्य वह है जिसे आप अपनी आज की मानसिकता, कौशल और रणनीतियों के साथ काम करके हासिल कर ही नहीं सकते हैं। इसलिए, यदि आप वास्तव में उस लक्ष्य को प्राप्त करना चाहते हैं, तो आपको अपनी मानसिकता, मूल्यों, कौशल और काम करने के तरीक़ों के वर्तमान स्तर को बढ़ाने की आवश्यकता पड़ेगी। आपको व्यावहारिक रूप से एक बिलकुल नया व्यक्ति बनाना होगा और यह परिवर्तन एक ब्रेकथ्रू लक्ष्य के लिए काम करने का आपका सबसे बड़ा पुरस्कार होगा।

कल्पना कीजिए कि यदि आप हर एक या दो साल में एक ब्रेकथ्रू लक्ष्य पर काम करते हैं, तो एक दशक में आप क्या बन जाएँगे। इसलिए आइ फ़ोन (iPhone) या बीएमडब्लू (BMW) के नए मॉडल के बारे में चिंता करना बंद करें और अपने अगले मॉडल पर काम करने में व्यस्त हो जाएँ। रोमांचक लग रहा है ना। तो अभी से इसके लिए काम पर लग जाओ ।

अपने जीवन के लिए उच्चतम, भव्यतम दूरदृष्टि बनाएँ क्योंकि
आप जैसा विश्वास करते हैं वैसे ही बन जाते हैं।

– ओपराह विन्फ्री

आप अपने सपनों को परिभाषित करने और अपने ब्रेकथ्रू लक्ष्य निर्धारित करने के लिए इस अध्याय के अंत में दिए गए फ़ॉर्म का उपयोग कर सकते हैं। आप इस पुस्तक से मिलने वाले लाभ को बढ़ाने के लिए विशिष्ट रूप से तैयार की गई सपनों से हक़ीक़त 5 क़दमों में जर्नल और वर्कबुक भी ख़रीद सकते हैं जिसमें सपने से वास्तविकता तक सभी 5 चरणों को पूरा

करने के लिए सभी मुद्रित फ़ॉर्म/अभ्यास हैं। आप इसे मेरी वेबसाइट www.depakbajaj.biz पर भी ऑर्डर कर सकते हैं।

एक चीज़ जो आपको बड़े सपने देखने और अपने सपनों पर लगातार कार्रवाई करने में मदद कर सकती है, वह है एक सशक्त शक्ति समूह का होना। इसकी चर्चा मैंने 5वें अध्याय में की है। इस पुस्तक में आपको लगातार बड़े सपने देखने और अपने सपनों के लिए काम करने के लिए सशक्त बनाने के लिए कई गतिविधियाँ हैं। मैंने आपको अपने सपने को पूरा करने में आने वाली सभी बाधाओं का समाधान देने की पूरी कोशिश की है। इस पुस्तक को सिर्फ़ पढ़ें नहीं बल्कि अलग अलग जगह पर बताई गईं गतिविधियाँ भी करें ताकि आप इस पुस्तक से मिलने वाले लाभ को कई गुना बढ़ा सकें और वास्तव में अपने सपनों को वास्तविकता में बदल सकें।

यह जीवन हमें भगवान द्वारा दिया गया एक उपहार है
और हम इस जीवन को प्रतिदिन कैसे जीते हैं यह भगवान को
हमारा उपहार है। सुनिश्चित करें कि आप भगवान को
जो उपहार देते हैं उस पर आपको गर्व है।

– दीपक बजाज

अध्याय 1 की अविस्मरणीय सीख

- लगातार आगे बढ़ना हमारी सबसे बड़ी ज़िम्मेदारी और विशेषाधिकार है। अगर आप विकास नहीं कर रहे हैं तो आप जी ही नहीं रहे हैं, और सपने हमारे लिए विकास की सीढ़ी हैं।
- ज़्यादातर लोग 30 की उम्र में मर जाते हैं, वे बस 75 की उम्र में दफ़न होने का इंतज़ार करते हैं। जब किसी व्यक्ति के अंदर सपना मर जाता है, तो, वह सिर्फ़ अपना सिर्फ़ समय काट रहा है या बस निरर्थक जीवन गुज़ार रहा है।
- विफलता की अपनी परिभाषा को फिर से परिभाषित करें। जब आप अपने लक्ष्य की प्राप्ति के लिए आगे बढ़ते हैं, तो कोई असफलता नहीं होती, बस अलग-अलग प्रयास होते हैं। सीखते रहिए और आगे बढ़ते रहिए।
- एक जहाज बंदरगाह में सुरक्षित है और एक कार गैरेज में सुरक्षित है, लेकिन वे इसके लिए नहीं बने हैं। इसी तरह, हम अपनी वर्तमान स्थिति में सुरक्षित महसूस कर सकते हैं, लेकिन हम इसके लिए नहीं बने हैं। हम उठने, बढ़ने और नई ऊँचाइयों को छूने के लिए बने हैं।
- दूसरों को प्रभावित करने के लिए सपने नहीं देखें, खुद को अभिव्यक्त करने के लिए सपने देखें।
- फ़र्क़ सिर्फ़ इस बात से नहीं पड़ता कि आपके सपने कितने बड़े हैं फ़र्क़ इस बात से पड़ता है कि आप अपने सपनों को कितने समय तक जीवित रख सकते हैं।
- सबसे ख़ुश लोग वे हैं जिनके पास सफलता की अपनी बहुत स्पष्ट परिभाषा है और जिन्होंने अपने जीवन को इस परिभाषा के अनुरूप बनाया है।
- ब्रेकथ्रू लक्ष्य वे लक्ष्य होते हैं जो इतने बड़े होते हैं कि आप उन्हें अपनी वर्तमान मानसिकता, कौशल और टूल्स के साथ काम करते हुए प्राप्त कर ही नहीं सकते। इसलिए जब आप ऐसे लक्ष्य निर्धारित करते हैं और खुद को ऐसे लक्ष्यों की प्राप्ति के लिए प्रतिबद्ध करते हैं, तो सबसे बड़ा पुरस्कार वह नहीं है कि आपको क्या मिल गया, बल्कि यह है कि आप उन लक्ष्यों को प्राप्त करने के प्रयास में क्या बन जाते हैं।

इस अध्याय से मिलने वाले परिणामों को कई गुना बढ़ाने के लिए अभ्यास

1. अपने सभी सपनों की एक सूची बनाएँ। आप अपने जीवन के सभी प्रमुख क्षेत्रों में जो कुछ भी हासिल करना चाहते हैं, उसे इस बड़ी सूची में रखिए।
2. इस बड़ी सूची में से, ऐसे 3 ख़ास सपनों की पहचान करें जिनके बारे में आपका मानना है कि इनके पूरे होने से आपको सबसे ज़्यादा सफलता और संतुष्टि का अहसास होगा।
3. इन 3 लक्ष्यों को चुनने के बाद, अपने आप से यह सरल प्रश्न पूछें, *यदि मैं इन 3 लक्ष्यों को प्राप्त कर लेता हूँ तो क्या मैं अपने जीवन को अच्छी तरह से जीया हुआ जीवन मानूँगा।* यदि आपका उत्तर बिलकुल हाँ है, तो अन्य सभी लक्ष्यों को भूल जाएँ और इन 3 लक्ष्यों को प्राप्त करने में अपना जीवन लगा दें।
4. अब इन तीनों लक्ष्यों के लिए जो आपने अभी चुने हैं, अपने आप से पूछें कि आप उस लक्ष्य को क्यों हासिल करना चाहते हैं और उस लक्ष्य को पूरा करने के परिणामस्वरूप आपको क्या मिलेगा। उन लक्ष्यों पर काम करें जिन्हें हासिल करने के बारे में सोच कर आपके अंदर एक जुनून आ जाता है और वे आपको रोज़ सुबह उठकर काम पर निकलने के लिए उत्साहित करते हैं। मैंने अक्सर यह देखा है, जिनके पास अपने लक्ष्य हासिल करने की ठोस वजह होती है, वो उन्हें पूरा करने का कोई ना कोई रास्ता ज़रूर निकाल लेते हैं।
5. अपने लिए एक ब्रेकथ्रू लक्ष्य ज़रूर निर्धारित करें। जितना कुछ भी आपने आज से पहले हासिल किया है, उससे बड़ा सोचें, अपनी सीमाओं को पार करें और इस पूर्ण विश्वास के साथ अपने लिए एक ब्रेकथ्रू लक्ष्य निर्धारित करें कि आप जो चाहें वह हासिल कर सकते हैं।

यहां स्कैन करें और सीधे मेरी वेबसाइट पर जाएं

www.deepakbajaj.biz

इन अभ्यासों को पूरा करने के लिए विस्तृत फ़ॉर्म सपनों से हक़ीक़त 5 क़दमों में जर्नल और वर्कबुक में उपलब्ध हैं।

आप इसे मेरी वेबसाइट www.depakbajaj.biz से प्राप्त कर सकते हैं या साइड में दिए क्यूआर (QR) कोड को स्कैन करके।

2

अटूट विश्वास

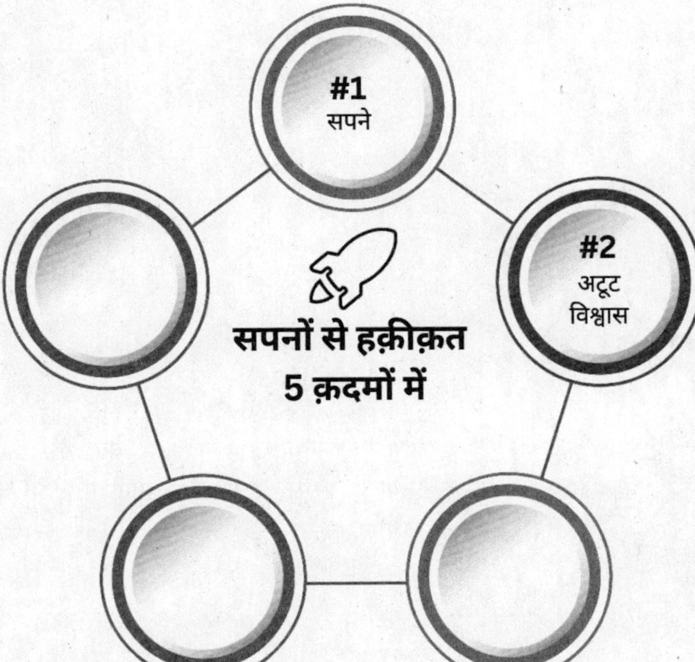

विश्वास सबसे बड़ी शक्ति है जो आपको तमाम असफलताओं, अस्वीकृतियों, और नाकामयाबियों के बावजूद आगे बढ़ते रहने की शक्ति देता है।

– दीपक बजाज

यदि आप मानते हैं कि हर चीज़ सपने से शुरू होती है तो आप बिलकुल सही हैं। हर चीज़ निश्चित रूप से एक सपने से शुरू होती है लेकिन आप सिर्फ़ इच्छा नहीं करना चाहते हैं, बल्कि आप चाहते हैं कि वास्तव में आपका सपना सच हो जाए। जो चीज़ आपके सपने को वास्तविकता बनाती है वह है आपके सपने को पूरा करने के लिए केंद्रित और निरंतर मेहनत और आप मेहनत तब करेंगे जब आपको पूरा विश्वास हो कि आप वास्तव में उन सपनों के लायक़ हैं और आप उन सपनों को पूरा करेंगे।

जब भी कोई सपना हमारे सामने आता है, तो हममें से ज़्यादातर लोग सबसे पहले इस बात पर विचार करते हैं कि वह सपना कैसे पूरा होगा। तुरंत ही हमें कई चिंताएँ सताने लगती है जैसे कि पिछली असफलताएँ, हम उस सपने पर काम करने के लिए पैसे और समय की व्यवस्था कैसे करेंगे या फिर हमें सही लोग, परिवार का समर्थन और कई संसाधन कैसे मिलेंगे जिनकी हमें उस सपने को पूरा करने के लिए आवश्यकता हो सकती है। कुछ ही मिनटों में हमें उस सपने को हासिल करना बहुत मुश्किल लगने लगता है और हममें से ज़्यादातर लोग उस सपने को वहीं छोड़ देते हैं और उसी पुरानी ज़िंदगी में व्यस्त हो जाते हैं जो हम जी रहे थे। जो चीज़ हमारी आँखों में चमक और चेहरे पर नूर के रूप में शुरू हुई थी वह हमें दुखी और दुर्भाग्यपूर्ण महसूस कराकर ग़ायब हो जाती है।

यह वही पल है जब मैं चाहता हूँ कि आप तुरंत अपने दिल को छुएँ, आकाश की ओर देखें और अपने दिल की गहराई में छुपी पूर्ण विश्वास की भावना तक पहुँचें। तुरंत अपने आप से पूछें कि आपको ही इस विशेष सपने/इच्छा के लिए क्यों चुना गया है, किसी और को क्यों नहीं। आप ही क्यों और अभी क्यों? याद रखें ईश्वर जब भी आपको कोई सपना देते हैं तो उसे पूरा करने की शक्ति भी साथ में देते हैं। बस उस सपने को दिल से अपना लें और ये मान लें कि अब आपका समय है और आपकी बारी है।

यह वह निर्णायक पल है जब अधिकांश लोगों के लिए सपने धूल बन जाते हैं लेकिन मैं चाहता हूँ कि आप इसके प्रति जागरूक रहें और इससे उबरें।

जब मैं आपसे विश्वास रखने के लिए कहता हूँ, तो मैं आपसे यह उम्मीद नहीं करता कि आप इसके सभी विवरणों को स्पष्ट रूप से देखें और विश्वास करें कि आप अपने सपने को कैसे और कब हासिल करेंगे। मैं तो बस इतना चाहता हूँ कि आपको यह गहरा विश्वास हो कि आपका सपना निश्चित रूप से वास्तविकता बन जाएगा और बाकि काम कायनात को सँभालने दो। जैसे ही आप अपने सपनों की दिशा में एक के बाद एक क़दम बढ़ाएंगे समय, पैसा, काम करने का तरीक़ा, टीम, संसाधन और अन्य सभी मुश्किल चीज़ें अपने आप सामने आ जाएँगे।बस इस आत्मविश्वास के साथ पहला क़दम आगे बढ़ाएँ कि आप अपने रास्ते में आने वाली हर चुनौती को आत्मविश्वास से सँभालने में सक्षम होंगे। हाँ, अभी आपके पास सभी कौशल, टीम और संसाधन नहीं हैं, लेकिन अपने अंदर यह अटूट विश्वास ज़रूर रखें कि जैसे जैसे आप आगे बढ़ते जाएँगें, जिस भी चीज़ की आपको ज़रूरत होगी, वो आपको मिल जाएगी। दरअसल, जब आप अपना पहला क़दम उठाते हैं तो उस वक्त आपको इन सबकी ज़रूरत नहीं होती है और पहला क़दम आगे बढ़ाने के लिए जो कुछ भी आपको चाहिए वह हमेशा आपके पास होता है। इसलिए पहला क़दम विश्वास के साथ उठाए। बुरे से बुरा क्या हो जाएगा? – आप अपना सपना पूरा नहीं कर पाएँगे और आप जहाँ हैं वहीं रह जाएँगे। वैसे भी आप अभी यहीं हैं। इसलिए आपके पास खोने के लिए कुछ नहीं है, केवल पाने के लिए ही है।

सबसे बड़ी जीत पहला क़दम उठाने में है। आप जहाँ भी हों और जो कुछ भी आपके पास है, वहीं से शुरुआत करें। जहाँ तक आप देख सकते हैं, वहाँ तक जायें और यह भरोसा रखें कि जब आप वहाँ पहुँच जाएँगे तो भगवान आपको उसके आगे का रास्ता दिखा देंगे।

– दीपक बजाज

आपको केवल उतने ही विश्वास की आवश्यकता है जो आपको आत्मविश्वास से पहला क़दम उठाने की शक्ति दे और कृपया याद रखें कि जब आप

क़दम आगे बढ़ाएँगे तो आपके मन में सुंदर मिश्रित भावनाएँ होंगी - अपने सपने को पूरा करने का उत्साह, नया अवसर प्राप्त करने के लिए आभार, नई चीज़ों को आज़माने का रोमांच, यह कैसे होगा इसकी घबराहट और अगले मोड़ पर आपका क्या इंतज़ार करेगा इसकी अनिश्चितता।

जैसे-जैसे आप यात्रा जारी रखेंगे, आप एक भावना से दूसरी भावना की ओर बढ़ते रहेंगे। इसमें तब तक कोई समस्या नहीं है जब तक आप रुकते नहीं हैं। आप कुछ देर के लिए रुक भी सकते हैं, वह भी चलेगा बस यह सुनिश्चित कर लें कि वह केवल एक विराम है, अंत नहीं। मैंने इन पाँच भावनाओं को ANGEL (एऐनजीईअल) का संक्षिप्त रूप दिया है जिसे मैंने नीचे दिए गए चित्र में समझाया है। बस इतना याद रखें कि जैसे ही आप एक क़दम आगे बढ़ेंगे तो ANGEL भी आपके साथ चलेगा।

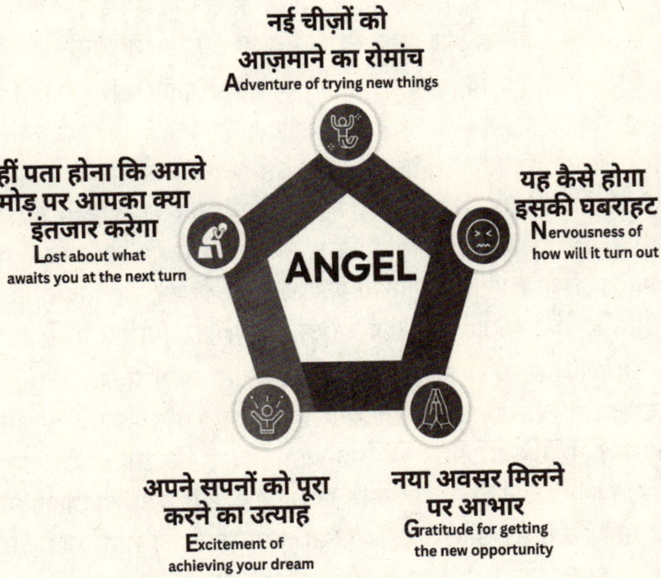

हममें से प्रत्येक व्यक्ति किस भावना को किस गहराई के साथ महसूस करेगा यह अलग-अलग व्यक्ति के लिए अलग-अलग होती है। कभी भी अपनी

तुलना दूसरों से नहीं करें। बस अपनी विशिष्टता और अपनी अनोखी यात्रा का जश्न मनाएँ। आप या तो इसे एक कठिन और भयानक यात्रा बना सकते हैं या ब्रह्मांड द्वारा आपकी प्रार्थनाओं का उत्तर मिलने का उत्सव मना सकते हैं।

अपने दिल में गहराई से विश्वास रखें कि आप महान काम करने के लिए बने हैं।

– जो पैटरनो

अगली पंक्ति में मैं जो प्रस्ताव रखने जा रहा हूँ उसे अधिकांश लोग अव्यावहारिक मानकर खारिज कर सकते हैं। फिर भी, पिछले दो दशकों से ज़्यादा समय में 20 लाख से ज़्यादा लोगों को ट्रेनिंग देने के बाद मुझे गहराई से यह अहसास हुआ है कि यह सच है कि यदि हममें अपने सपनों को सच करने की थोड़ी-सी भी इच्छा है, तो हमें आत्मविश्वास, उत्साह, घबराहट और अनिश्चितता की मिश्रित भावनाओं के साथ रहना सीखना चाहिए। घबराहट और अनिश्चितता से छुटकारा पाने के लिए अपना क़ीमती समय और ऊर्जा बर्बाद नहीं करें। बस इसे मैनेज करना सीखें और इसके साथ साथ ही आगे बढ़ते जाएँ।

मुझे नहीं पता कि इसकी शुरुआत किसने की और यह सब कब शुरू हुआ, लेकिन हमें बार-बार यह विश्वास दिलाया गया है कि हमें कभी भी दुखी, घबराया हुआ या अनिश्चित महसूस नहीं करना चाहिए। यह एक गलत धारणा है जिसे हमने बिना सवाल किए स्वीकार कर लिया। हम इंसान हैं और हम सभी प्रकार की भावनाओं और संवेदनाओं से गुज़रेंगे। समस्या कोई भावना या स्थिति नहीं है, समस्या वह अर्थ है जो हम उन भावनाओं को देते हैं और कैसे हम इसे अपने जीवन और काम को प्रभावित करने देते हैं।

मेरा विश्वास करें, डर और घबराहट महसूस करना एकदम स्वभाविक है। वास्तव में हर सपना कुछ ऐसा हासिल करने के बारे में होता है जो आपने पहले कभी नहीं किया और इसके लिए स्वाभाविक है कि आपको उस तरह से सोचने, रणनीति बनाने और वह करने की आवश्यकता होगी जो आपने पहले कभी नहीं किया है। और जब कोई ऐसा काम करने की बात आती है जो किसी ने पहले कभी नहीं किया हो तो किसी को भी डर और घबराहट महसूस होगा। उस भावना को स्वीकार करें। कई बार, डर आपके अवचेतन/ब्रह्मांड से सावधान रहने या ज़्यादा तैयारी करने का संकेत होता है। आप सड़क पर ग़लत दिशा में गाड़ी क्यों नहीं चलाते? आप यातायात के नियम क्यों नहीं तोड़ते?

आप किसी इमारत से क्यों नहीं कूदते? जवाब है डर। आपको डर लगता है कि यदि आपने इनमें से कुछ भी किया तो आपकी जान भी जा सकती है।

डर का ना होना साहस नहीं है। डर के बावजूद काम करना साहस है।

– मार्क ट्वेन

डर तब तक बुरा नहीं है जब तक यह आपको निष्क्रियता के लिए कमज़ोर नहीं कर दे। डर कभी नहीं जाएगा और इसकी कोशिश भी मत करना। आप तो बस डर को अपने साथ लेते हुए एक के बाद एक क़दम बढ़ाते जाएँ। आपको क्या लगता है कि सीमा पर एक सैनिक जब लड़ने जाता है तो उसे डर नहीं लगता है? बिलकुल लगता है। लेकिन वे अपना कर्तव्य निभाते हैं और डर की इस भावना को अपने निर्णय लेने और सही कार्रवाई में बीच में नहीं आने देते हैं।

मुझे यह स्वीकार करने में कोई शर्मिंदगी नहीं है कि 20 लाख लोगों को प्रशिक्षण देने और पिछले 2 दशकों में हज़ारों कार्यक्रम करने के बाद भी, आज भी मंच पर पहले कुछ सेकेंड के लिए मुझे थोड़ी घबराहट महसूस होती है। जी हाँ, सच में होती है। लेकिन यह मुझे हर दिन अधिक से अधिक लोगों को ट्रेनिंग वर्कशॉप देने से नहीं रोकता है और मुझे यक़ीन है कि मैं अपनी आख़िरी साँस तक लोगों को प्रेरित करने और उन्हें सर्वश्रेष्ठ बनाने के लिए दुनिया की सबसे प्रभावशाली ट्रेनिंग देने के अपने जीवन मिशन को जारी रखूँगा।

डरते हुए करो, काँपते हुए करो, मूड ख़राब हो तो करो, मन नहीं हो तब भी करो, लेकिन जो ज़रूरी है, उसे बस कर दो।

– दीपक बजाज

क्या आपने कभी सोचा किया है कि किसी थीम पार्क में रोलर कोस्टर की सवारी में आपको इतना रोमांच क्यों मिलता है? यह डर और विश्वास का एक साथ काम करने का एक सुंदर संयोजन है। जैसे ही आप अचानक गिरने वाले स्थान से नीचे जाने वाले होते हैं, आपको डर के छोटे-छोटे क्षण महसूस होते हैं कि क्या होगा यदि आप गिर जाएँगे, लेकिन लगभग तुरंत ही आपके मन में यह विचार आता है कि कोई भी कभी भी रोलरकोस्टर से नहीं गिरा है और आपने सीट बेल्ट और अन्य सभी सुरक्षा सावधानियाँ अपना रखी हैं।

जब भी आप दोबारा रोलर कोस्टर पर जाते हैं, तो आपको पहले से ही पता होता है कि पिछले इतने सालों की रोलर कोस्टर सवारी में आपके साथ कभी कुछ बुरा नहीं हुआ, लेकिन फिर भी वो डर दूर नहीं होता है। आप रोलर कोस्टर पर चढ़ने से पहले और हर बार जब उसके अचानक गहरी गिरावट में जाने से पहले उन छोटे-छोटे डर भरे पलों को महसूस करते हैं। यह डर और विश्वास का ख़ूबसूरत मिश्रण है जो इस पूरे रोलर कोस्टर की सवारी को इतना रोमांचकारी और इतना आनंददायक बनाता है। मेरी बातें दर्शनिकों जैसे लग सकती हैं लेकिन इस ख़ूबसूरत ग्रह पृथ्वी पर अपने चार दशकों से ज़्यादा समय ने मुझे बार-बार सिखाया है कि जीवन एक रोलर कोस्टर की सवारी से ज़्यादा कुछ नहीं है और आप पहले ही रोलर कोस्टर पर सवार हो चुके हैं। आपको उतार-चढ़ाव, अचानक गिरावट, तेज़ गति, रुकावट और कई मोड़ों का सामना करना पड़ेगा। हर कोई उनका सामना करता है। आपके पास एकमात्र विकल्प यह है कि आप जीवन नामक इस यात्रा को कैसे जिएँगे। विश्वास और डर के उन पलों को आने और जाने दें, आप बस अगला क़दम उठाने पर ध्यान केंद्रित करें और हर क़दम पर अपनी यात्रा का जश्न मनाएँ और मुझ पर विश्वास करें जब आप इस रोलर कोस्टर सवारी के अंत की ओर होंगे, तो आपको इस बात पर गर्व होगा कि आपने इसे उन सभी मोड़ों से कैसे पार किया।

विश्वास का त्रिकोण

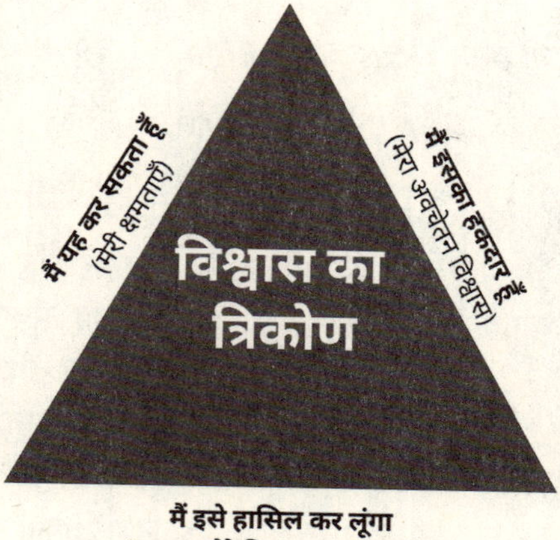

विश्वास तब से है जब से मनुष्य अस्तित्व में है और अनगिनत विचारकों, लेखकों और लीडर्स ने विश्वास के कई अर्थ और परिभाषाएँ दी हैं। मेरे अनुभव में, विश्वास के तीन अलग-अलग क्षेत्र हैं जो एक साथ काम करते हैं और वह जादू पैदा करते हैं जिसे कहा जाता है - विश्वास पहाड़ों को हिला सकता है। जब ये तीनों एक साथ होते हैं, तो आप व्यावहारिक रूप से मैनिफ़ेस्ट करने की फ़ैक्ट्री बन जाते हैं जो किसी भी सपने को वास्तविकता में ला सकती है। अब आप काम नहीं करते; आप बस हर दिन जीवन का जश्न मनाते हैं और ब्रह्मांड की शक्तियाँ आपके हर सपने को साकार करने के लिए आपके माध्यम से काम करती है। जब ये 3 क्षेत्र एक साथ मिल जाते हैं, तो वे पृथ्वी पर सबसे शक्तिशाली बन जाते हैं, जिसे मैं विश्वास का त्रिकोण कहता हूँ।

1. **मैं इसका हक़दार हूँ**

2. **मैं यह कर सकता हूँ**

3. **मैं इसे प्राप्त करूँगा**

आइए इन महत्त्वपूर्ण तत्वों में से प्रत्येक को एक-एक करके समझते हैं।

विश्वास का पहला क्षेत्र - मैं इसका हक़दार हूँ

यदि आप अपने दिल की गहराइयों से महसूस करते हैं कि वास्तव में आप उस चीज़ के लायक़ नहीं हैं तो आप उसे कैसे हासिल कर सकते हैं?

मैंने ऐसे अनगिनत लोगों को देखा है जो 10 लाख रुपये महीने की इनकम कमाने का सपना देखते हैं लेकिन जब वे अकेले होते हैं और उस सपने के बारे में सोचते हैं, तो उनके अंदर एक आवाज़ आती है जो कहती है, 10 लाख लिखना ठीक है लेकिन मुझे नहीं लगता कि मैं इसे प्राप्त कर सकता हूँ। अगर सब कुछ योजना के मुताबिक़ हुआ तो मैं शायद 2 लाख रुपये तक पहुँच सकता हूँ।

ऐसा ही उन ट्रेनर्स और कोचेस के साथ भी होता है जो सही फ़ीस नहीं ले पाते क्योंकि उन्हें खुद पर संदेह होने लगता है। वे ब्रोशर पर सही फ़ीस छापते हैं लेकिन उसमें छूट देते रहते हैं क्योंकि अंदर ही अंदर उन्हें विश्वास नहीं होता कि वे जो फ़ीस माँग रहे हैं, वे उसके लायक़ है।

यदि आप में से कुछ लोग अपने प्रोडक्ट या सेवा को बेचने के लिए संघर्ष करते हैं, तो आप कह सकते हैं कि आप अंतर्मुखी हैं या आपको बेचना पसंद नहीं है या आप खुद को अधिक प्रचारित नहीं करना चाहते हैं, आदि लेकिन यदि आप गहराई से देखें तो इस समस्या का मूल कारण आपके अंदर का संदेह है।

जब आप पूरी तरह से विश्वास करते हैं कि आप ज़्यादा फ़ीस, बेहतर रैंक या बड़े पद के हक़दार हैं, तो आप अलग तरह से बात करते हैं, आप अलग तरह से कार्य करते हैं तो और आप अपने लिए वह रास्ता बनाते हैं जिसके आप हक़दार हैं।

जब मैं किसी चीज़ के लिए आपकी योग्यता के बारे में बात करता हूँ, तो मेरा मतलब है कि आपका अवचेतन और चेतन मन आपके सपनों के सरेखण में हैं और आप जो चाहते हैं उसे पाने के बारे में उतने ही निश्चित हैं जितना कि आप हर सुबह सूरज के उगने के बारे में निश्चित हैं। संदेह और नकारात्मक आत्म-चर्चा आपके सपनों की चुपचाप हत्या कर देते हैं।

रचनात्मकता या क्षमताओं की कमी से जितने सपने मरते हैं,
उनसे कहीं ज्यादा संदेह की वजह से मार जाते हैं।

– दीपक बजाज

आपको एक उदाहरण देता हूँ – मेरे पास एक ख़ूबसूरत फ़ेरारी गाड़ी है जो दुनिया की सबसे तेज़ गाड़ियों में से एक है। मैं अपने ट्रेनिंग सेशन और बिज़नेस के कुछ काम से दो सप्ताह के लिए अमेरिका जा रहा हूँ। मेरा एक दोस्त हमेशा से इस फ़ेरारी को चलाना चाहता था। क्योंकि मैं अमेरिका जा रहा था तो मैंने यह फ़ेरारी अपने दोस्त को कुछ दिनों के लिए देने का निर्णय लिया। मैंने अपने दोस्त को फ़ोन किया और कहा – चूँकि मैं भारत में नहीं हूँ, तो तुम दो सप्ताह के लिए मेरी फ़ेरारी का उपयोग क्यों नहीं करते और अपना सपना क्यों नहीं जीते। यह दुनिया की सबसे तेज़ और बेहतरीन कारों में से एक है। तुम इसे अपनी दिल की इच्छानुसार किसी भी गति से चला सकते हो, लेकिन बस एक छोटी सी समस्या याद रखना कि इसके ब्रेक कभी-कभी काम नहीं करते हैं।

अब मेरा आपसे प्रश्न – क्या मेरा दोस्त यह गाड़ी चलाएगा? अब तक, मैं ऐसे किसी व्यक्ति से नहीं मिला हूँ जो ब्रेक पर संदेह होने के बावजूद भी गाड़ी को लंबी ड्राइव पर लेकर जाना चाहता हो। कृपया याद रखें, अगर आपको थोड़ा सा भी संदेह है तो दुनिया की सबसे तेज़ कार आपके लिए बेकार है। यदि आप हर समय संदेह के साथ काम करते रहेंगे तो आप अपने सपने कैसे हासिल करेंगे? इसलिए जैसे ही आप अपने सपनों की इस यात्रा पर निकलते हैं, मैं दृढ़ता से अनुशंसा करता हूँ कि आप अपने सभी संदेहों को ख़त्म कर दें और पूरे विश्वास के साथ एक नई शुरुआत करें।

नास्तिक वह नहीं है जो ईश्वर पर विश्वास नहीं करता, नास्तिक वह है जो खुद पर विश्वास नहीं करता।

– स्वामी विवेकानंद

सारा दिन हमारा जीवन विश्वास पर चलता है। क्या आप हर बार टैक्सी लेते समय ड्राइवर का ड्राइविंग लाइसेंस जाँचते हैं? क्या आप जाँचते हैं कि टैक्सी ड्राइवर नशे में है या गाड़ी चलाने के लिए फ़िट है? क्या आप टिकट ख़रीदने से पहले या विमान में चढ़ने से पहले विमान के पायलट की जाँच करते हैं? क्या आप ट्रेन में चढ़ने से पहले ट्रेन के इंजन ड्राइवर से मिले हैं? नहीं, लेकिन आप बिना किसी संदेह के अपना जीवन इन सभी लोगों के हाथों में सौंप देते हैं और वो भी बार-बार।

क्या आप होटल के अंदर यह जाँचने के लिए जाते हैं कि सामग्री या खाने की क्वालिटी उनके वादे के मुताबिक़ है या नहीं? क्या आप दवाई की हर गोली निगलने से पहले उसकी जाँच करते हैं ताकि यह सुनिश्चित हो सके कि उसमें दवाई की सही खुराक है? क्या आप जाँचते हैं कि क्या डॉक्टर ने वही रिप्लेसमेंट सर्जरी की है जिसका उसने वादा किया था? क्या आप जाँचते हैं कि मंदिर का पुजारी सही मंत्र बोल रहा है या नहीं और क्या वह उन मंत्रों को बोलने के लिए योग्य भी है? नहीं, अगर आप पूरे दिन अपनी कई महत्त्वपूर्ण चीज़ों के लिए इतने सारे लोगों पर विश्वास करते हैं, तो क्या आप अपने सपनों को पूरा करने के लिए खुद पर विश्वास नहीं कर सकते? कृपया इसी पल से खुद पर संदेह करना बंद करें। कृपया आपके अंदर चल रही इन नकारात्मक बातों को इसी पल चुप होने के लिए कहें।

अपने आप से पूछें, बुरे से बुरा क्या हो सकता है? आप असफल होंगे? या फिर आपकी योजना उस तरह से काम नहीं करेगी जैसा आपने सोचा है? तो क्या हुआ? दोबारा योजना बनाएँ और शुरू करें। अपना सबक़ सीखें और आगे बढ़ें। अगर आपको खुद पर संदेह होता कि क्या आप कभी चल पाओगे, तो आप अब तक ज़मीन पर रेंग रहे होते। आपने चलने या बात करने या साइकिल चलाने के लिए कोई कक्षा नहीं ली। आपने इसे इसलिए सीख लिया क्योंकि आपको विश्वास था कि आप इसके लायक़ हैं और आप बस करते चले गए। तो आज आपने जो भी सपना देखा है इसके लिए भगवान ने आपको ही चुना है। अब भगवान के लिए, कृपया भगवान पर संदेह करना बंद करें और अपने चेहरे पर मुस्कान के साथ काम पर लग जाएँ।

यह भी याद रखें कि आपका अतीत आपका भविष्य निर्धारित नहीं कर सकता। आपका अतीत केवल एक सीखने का अनुभव था। आपने अतीत में जो कुछ भी किया वह उस स्थिति में आपके लिए सबसे अच्छा निर्णय था जो उस समय आपके पास मौजूद ज्ञान, क्षमता और अनुभव के आधार पर लिया था।

अब आप नए अनुभव, नए ज्ञान और नई क्षमताओं वाले एक नए व्यक्ति हैं। आज एक नई शुरुआत करें।

अपने दिल में यह विश्वास रखें कि आप जुनून, उद्देश्य, जादू और चमत्कारों से भरा जीवन जीने के लिए बने हैं।

– रॉय टी. बेनेट

यदि आप संदेह और आपके अंदर चल रही नकारात्मक बातों को ख़त्म करना चाहते हैं, तो मैं आपको तीन आसान तरीक़े बता सकता हूँ जो हमेशा मेरे लिए और मेरे ट्रेनिंग प्रोग्राम्स के लाखों प्रतिभागियों के लिए काम करते हैं। आप भी उन्हें एक बार आज़मा कर देख सकते हैं।

1. हर विचार पर सवाल उठाएँ

यह एक जीवन बदलने वाला सूत्र है जिसे आप अपने जीवन जीने की कला के रूप में अपना सकते हैं। आपके मन में जो भी विचार आए, बस उस पर

सवाल उठाएँ और पूरी जाँच-पड़ताल के बाद ही उसे सच मानें। हम मानते हैं कि जो भी विचार हमें आता है, वह हमारा ख़ुद का होता है, लेकिन सच तो यह है कि हर विचार किसी को सुनकर या देखकर या पढ़कर हमारे पास आता है और इनमें से अधिकांश मामलों में दूसरे व्यक्ति ने जो कुछ भी कहा या लिखा है वह भी उसकी राय है और पूरा सच नहीं है। इसलिए, अपने मन में आने वाले हर विचार पर सवाल उठाएँ।

जब आप अपने संदेहों, डर या आपको रोकने वाली मान्यताओं पर सवाल उठाना शुरू करते हैं, तो वे हर सवाल के साथ कमज़ोर होते जाएँगे और इनमें से अधिकांश मामलों में आपको अहसास होगा कि हमारे सभी डर और संदेह हमें तब तक परेशान करते हैं जब तक हम उनका सामना करने का फ़ैसला नहीं करते हैं। जब आप उनका सामना करेंगे और उन पर सवाल उठाएँगे तो वे अचानक ग़ायब हो जाएँगे।

2. ज़्यादा जानकारी प्राप्त करें

अंधेरे को दूर करने का सबसे अच्छा तरीक़ा क्या है? एक दीपक जलाएँ। आपको अंधेरे से लड़ने की ज़रूरत नहीं है। सच कहें तो अंधकार होता ही नहीं हैं, वास्तव में या तो प्रकाश होता है या प्रकाश का अभाव। इसी प्रकार, जहाँ भी ज्ञान की कमी होगी, संदेह, डर या झिझक अपने आप उभर आएगी। आपको संदेहों से लड़ने या उन पर ध्यान केंद्रित करने की आवश्यकता नहीं है, बस अधिक जानकारी प्राप्त करें। यह एक सरल सूत्र है - आप कितना संदेह या भय महसूस करेंगे वह आपके पास मौजूद ज्ञान के विपरीत अनुपाती होता है। इसलिए ज़्यादा ज्ञान प्राप्त करें, अच्छी तैयारी करें और देखें कि कैसे आपके सभी संदेह और डर ग़ायब हो जाएँगे।

3. छोटे-छोटे लक्ष्य निर्धारित करें और उन्हें हासिल करें

मैंने अपने ट्रेनिंग प्रोग्राम्स के प्रतिभागियों के अवचेतन विश्वास को बनाने के लिए कई अलग-अलग तकनीकों का प्रयोग किया है और एक तकनीक जिसने सबसे बेहतरीन परिणाम दिये हैं वह है छोटे लक्ष्य लेना और उन्हें हासिल करना।

ये जादू करता है। हर बार जब आप कोई लक्ष्य हासिल करते हैं, भले ही उसका आकार कुछ भी हो, तो आप अपने अवचेतन मन को एक बहुत

शक्तिशाली संदेश देते हैं कि आप जो भी ठान लेते हैं, उसे हासिल कर लेते हैं। जब आप कुछ समय तक लगातार ऐसा करते हैं, तो आपका अवचेतन मन यह विश्वास करने के लिए तैयार हो जाता है कि आप सच में कुछ भी हासिल कर सकते हैं। जैसे-जैसे यह विश्वास मजबूत होता जाएगा, भय और संदेह अपने आप कमज़ोर होते जाएँगे और अंत में ग़ायब हो जाएँगे।

विश्वास का दूसरा क्षेत्र – मैं यह कर सकता हूँ

खुद पर विश्वास रखें और बाक़ी सब ठीक हो जाएगा।
अपनी क्षमताओं पर विश्वास रखें, कड़ी मेहनत करें, और ऐसा
कुछ भी नहीं है जिसे आप हासिल नहीं कर सकते।

– ब्रैड हेनरी

हमेशा इस पूरे विश्वास के साथ काम करें कि आपमें अपने सपने को हासिल करने की क्षमता है। क्षमता कौशल, ज्ञान और दृष्टिकोण का एक मिश्रण है जो किसी भी व्यक्ति को अपने चुने हुए क्षेत्र में प्रभावी ढंग से प्रदर्शन करने और कामयाबी पाने के लिए सशक्त करता है। मेरा बहुत गहरा विश्वास है कि भले ही आप अपने क्षेत्र में महारथी या विशेषज्ञ नहीं हों, लेकिन आप में से प्रत्येक के पास अपने सपनों की दिशा में पहले कुछ क़दम उठाने के लिए पर्याप्त ज्ञान और कौशल है।

क्षमता के बारे में सबसे अच्छी बात यह है कि यह कभी भी निश्चित नहीं होती है और कोई भी व्यक्ति ज़्यादा सीखकर और ज़्यादा काम करके अपनी क्षमता का विस्तार कर सकता है। विश्वास रखें कि अपने सपनों के प्रोजेक्ट को शुरू करने के लिए जो कुछ भी आवश्यक है, वह अभी आपके पास है और इस बात की प्रतिबद्धता भी रखें कि जब भी आपको अपनी यात्रा के दौरान कुछ और क्षमताओं की ज़रूरत पड़ेगी तो आप उन्हें भी ख़ुद में विकसित कर लेंगें ।

मैंने माउंट एवरेस्ट पर चढ़ने वाले पहले व्यक्ति – तेनज़िंग नोर्गे के बारे में यह अद्भुत कहानी पढ़ी है। नोर्गे को 1935 में एवरेस्ट अभियान में पोर्टर के रूप में शामिल होने का पहला अवसर मिला जब वह 20 वर्ष के थे। अगले कई वर्षों तक, वह माउंट एवरेस्ट की चोटी पर पहुँचने की आशा में

कई अभियानों पर गए। कई मौक़ों पर तो वह शीर्ष के काफ़ी क़रीब पहुँचे लेकिन कठिन परिस्थितियों के कारण उन्हें वापस नीचे आना पड़ा। मैंने पढ़ा है कि हर बार जब वह माउंट एवरेस्ट की तली में स्थित घाटी में अपने घर वापस लौटता था, तो वह माउंट एवरेस्ट को देखता था और कहता था, *"माउंट एवरेस्ट एक दिन मैं तुम पर ज़रूर चढ़ूँगा क्योंकि तुम एक चट्टान हो और तुम और ऊपर नहीं बढ़ सकते। लेकिन मैं एक इंसान हूँ और मैं विकास करता हुआ लगातार ऊपर उठ सकता हूँ।"* हर बार जब मैं किसी नए प्रोजेक्ट पर फँस जाता हूँ या मैं मुश्किलों का सामना कर रहा होता हूँ, तो मुझे यह पंक्ति याद आती है और यह मुझे ऊपर खींचती है। आख़िरकार 18 साल बाद तेनजिंग नोर्गे 29 मई 1953 को एडमंड हिलेरी के साथ माउंट एवरेस्ट की चोटी पर चढ़ गए और माउंट एवरेस्ट पर चढ़ने वाले दुनिया के पहले इंसान बने।

हो सकता है कि अभी आपके पास क्षमता नहीं हो,
लेकिन अगर आपमें अपनी क्षमता विकसित करने की
इच्छाशक्ति है, तो आप अजेय हैं और आप जो कुछ
भी चाहते हैं उसे हासिल कर सकते हैं।

– दीपक बजाज

विश्वास का तीसरा क्षेत्र – मैं इसे हासिल कर लूँगा

अपनी अनंत क्षमता पर विश्वास रखें।
आपकी एकमात्र सीमाएँ वे हैं जो आपने खुद निर्धारित की हैं।

– रॉय टी. बेनेट

विश्वास के त्रिकोण का यह तीसरा क्षेत्र सारा खेल बदल सकता है। ये अच्छे को महान बना सकता है। यह आपकी सफलता को कई गुना बढ़ा सकता है और आपकी सफलता को चमत्कार में बदल सकता है। जब आप अपने लक्ष्य/सपनों पर काम करना शुरू करते हैं, तो इस पूरे विश्वास के साथ काम करें कि जिस क्षण आप एक सपने पर काम करना शुरू करते हैं, पूरा ब्रह्मांड भी आपके सपने को पूरा करने के लिए काम करना शुरू कर देता

है। अपने लक्ष्य ब्रह्मांड को सौंप दें और ब्रह्मांड को सँभालने दें कि आपका सपना कब और कैसे साकार होगा।

आप बस वह सब कुछ करने पर ध्यान केंद्रित करें जो आप हर दिन कर सकते हैं और ब्रह्मांड को आपके सपनों को पूरा करने के लिए लोगों, स्थानों और घटनाओं की व्यवस्था करने दें। हमेशा याद रखें कि ज़िंदगी में कुछ भी अकस्मात नहीं होता, जो कुछ भी हो रहा है वह एक भव्य योजना का हिस्सा है। कोई भी व्यक्ति कभी भी अकेला आगे नहीं बढ़ता, कोई भी सपना तब तक पूरा नहीं होता जब तक कि एक ही समय में कई अन्य लोगों के कई सपने पूरे नहीं हो रहे हों।

जो लोग ख़ुशी-ख़ुशी सब कुछ भगवान के हाथों में छोड़ देते हैं, उन्हें अपने हर काम में भगवान का हाथ दिखाई देता है। चिंताएँ वहीं ख़त्म हो जाती हैं जहाँ विश्वास शुरू होता है।

– बाइबल

हमेशा याद रखें कि जीवन तुम्हारे साथ घटित नहीं हो रहा है, जीवन तुम्हारे लिए घटित हो रहा है। हर बार जब आप किसी सपने को पूरा करने के लिए कहते हैं, तो आप घटनाओं की एक श्रंखला शुरू करते हैं जो उस सपने को वास्तविकता बनाने के लिए लोगों और स्थितियों को व्यवस्थित करती है। कई बार जब ये घटनाएँ घटती हैं तो हो सकता है कि आपको ये पसंद नहीं आएँ या फिर आपको लगे कि आपका सपना क़रीब आने की बजाय आपसे दूर होता जा रहा है। ये ऐसे पल हैं जब आपको खुद को याद दिलाने की ज़रूरत है कि सब कुछ आपके लिए हो रहा है और आप कुछ महीनों या वर्षों के बाद ही वर्तमान घटनाओं के महत्त्व को समझ पाएँगे। आप बस माध्यम बनें और ब्रह्मांड को आपके माध्यम से काम करने दें और आपके सपनों को साकार करने दें। आपके सपनों की अभिव्यक्ति के माध्यम से, ब्रह्मांड लाखों अन्य लोगों के सपनों को भी पूरा करेगा।

लाखों लोग मेरी किताबें पढ़ते हैं और लाखों लोगों ने मेरे लाइव ट्रेनिंग और ट्रांसफ़ॉर्मेशन प्रोग्रामों में भाग लिया है। क्या आपको नहीं लगता, यह ना केवल मेरे सपनों की अभिव्यक्ति है, बल्कि मेरी किताबों या ट्रेनिंग प्रोग्रामों के माध्यम से ब्रह्मांड वास्तव में लाखों अन्य लोगों के सपनों को भी

पूरा कर रहा है। मेरे ट्रेनिंग प्रोग्राम में आने वाले लोग मेरी प्रार्थनाओं का उत्तर हैं और मेरे ट्रेनिंग प्रोग्राम उन लोगों की प्रार्थनाओं का उत्तर हैं। यह एक सुंदर ऑर्केस्ट्रा है जो लगातार बज रहा है और पूरा ब्रह्मांड लाखों लोगों के लिए एक साथ लाखों सपनों की अभिव्यक्ति के लिए लोगों, स्थानों, घटनाओं और स्थितियों को व्यवस्थित करने का काम कर रहा है।

एक बार जब आप अपने लक्ष्य निर्धारित कर लेते हैं और उसे भगवान को सौंप देते हैं, तो अपने लक्ष्यों से पूरी तरह से अलग हो जाएँ और उन दैनिक कार्यों से पूरी तरह से जुड़ जाएँ जो आपको लगता है कि उन सपनों को वास्तविकता बनाने के लिए आवश्यक हैं। यही बात भगवत गीता में भी बताई गई है –

कर्मण्ये वाधिकारस्ते मा फलेषु कदाचना,
मा कर्मफलाहेतुर्भूर्मा ते सङ्गोस्त्वकर्मणि।।

यह श्लोक बहुत स्पष्ट रूप से बताता है कि आपको कर्म करने का अधिकार है लेकिन फल का कभी नहीं। परिणाम कई चीज़ों पर निर्भर होते हैं लेकिन कर्म पूरी तरह आप पर निर्भर होते हैं। तो, आप बस अपनी सारी शक्ति मौजूदा कार्यों पर केंद्रित करें और ब्रह्मांड को बाक़ी चीज़ें सँभालने दें। हममें से अधिकांश लोग हर दिन दुनिया भरे के विवरणों पर अटके रहते हैं कि हम अपना सपना कैसे और कब पूरा करना चाहते हैं। हम यह भूल जाते हैं कि हमारी वर्तमान स्थिति से इच्छित स्थिति तक पहुँचने के कई रास्ते हो सकते हैं। अपना लक्ष्य तय करें और रास्ते में चीज़ें कैसे घटित होती हैं, इसके बारे में लचीले बनें।

जैसे–जैसे आप आगे बढ़ेंगे, आपकी मूल योजनाओं में परिवर्तन होगा और यहाँ तक कि आपका लक्ष्य भी हर स्तर पर फिर से परिभाषित होगा। यह स्वाभाविक है। अपने सपनों को पूरा करने के पिछले तीन दशकों के अथक प्रयासों के दौरान, मैंने व्यक्तिगत रूप से महसूस किया है कि सबसे अच्छे विचार भी तब पूरी तरह से विकसित नहीं होते जब वे पहली बार हमारे सामने आते हैं। यह सब एक धुंधली दिशा से शुरू होता है और जैसे–जैसे हम आगे बढ़ते हैं और जब हम विभिन्न दृष्टिकोणों के साथ परीक्षण करते हैं और उन विचारों पर मार्केट रिसर्च करते हैं, तो हम वास्तव में अपने सपनों को बेहतर बनाते हैं और अपने सपनों को आकार देते हैं। लेकिन

अगर किसी व्यक्ति को अपने सपनों पर विश्वास नहीं हैं तो वह इस पूरी कठिन प्रक्रिया से कभी नहीं गुजरेगा।

इसलिए ईश्वर को अपना साथी बनाएँ और आनंदपूर्वक ब्रह्मांड को अपने जीवन में चमत्कार करने दें।

जब आप पूरे विश्वास और समर्पण के साथ अपने सपनों पर काम करना शुरू करते हैं, तो आप वास्तव में उस सपने को हासिल करने के लिए लोगों, स्थानों और स्थितियों को व्यवस्थित करने के लिए सभी ब्रह्मांड की ताक़तों को गति देते हैं।

– दीपक बजाज

आप ब्रह्मांड में अपना विश्वास कैसे मज़बूत कर सकते हैं?

1. मेडिटेशन (ध्यान साधना)

मैंने महसूस किया है कि मेडिटेशन एक ऐसी अवस्था है जहाँ आपका ध्यान वर्तमान क्षण में केंद्रित होता है। जैसे-जैसे आपकी चेतना बढ़ती है, आपके आस-पास होने वाली हर चीज़ के बारे में आपके विचार कम हो जाते हैं और आप विचारहीन स्थिति में चले जाते हैं। जैसे ही आप अपने वर्तमान विचारों से अलग होना शुरू करते हैं, आप खुद ही ब्रह्मांड के साथ गहराई से जुड़ने लगते हैं। जैसे-जैसे आपका मेडिटेशन करने का अभ्यास गहरा होता जाता है, आप तेज़ी से और गहराई से उस अवस्था में आने लगते हैं।

मेरे एक ट्रेनिंग प्रोग्राम के दौरान, जब मैंने प्रतिभागियों से उनकी वर्तमान स्थिति और विचारों से अलग होने के लिए कहा, तो प्रतिभागियों में से एक ने पूछा - विचारहीन स्थिति के बारे में बात करना आसान है लेकिन अभ्यास करना लगभग असंभव है। उन्होंने कहा कि जितना अधिक वह सब कुछ भूलने की कोशिश करता है, उतना ही वह लगातार चल रहे विचारों के निरंतर चक्र में उलझता जाता है। साथ ही 10 मिनट का ध्यान उसे पूरे दिन में कैसे फ़ायदा पहुँचाएगा? यदि आप भी ऐसा ही महसूस करते हैं, तो यहाँ मेरी दो सलाह हैं।

सबसे पहले, कृपया याद रखें कि ध्यान कोई लक्ष्य नहीं है जिसे हासिल किया जाए, यह अनुभव की जाने वाली अवस्था है। यह करने के बारे में नहीं है, यह होने के बारे में है। यह मन को शांत होने और अधिक जागरूक होने की अनुमति देता है। आपने अपने दिमाग़ को हर समय अतीत के पछतावे और भविष्य की योजनाओं में व्यस्त रहने के लिए प्रशिक्षण दिया है, अब अचानक जब आप सब कुछ बंद करना चाहेंगे, तो इसमें समय लगेगा। इसलिए, अपने आप को कुछ समय दें और अभ्यास जारी रखें।

कृपया मत भूलिए, हम सभी अद्वितीय हैं इसलिए हर किसी की ध्यान की स्थिति भी अलग-अलग होती है। कभी भी ऐसी चमत्कारी स्थिति की आशा करने की ग़लती नहीं करें जहाँ आप हवा में तैरने लगें या आपके चेहरे पर किसी प्रकार की दिव्य चमक आ जाएगी। विशिष्ट अपेक्षाएँ और दूसरों के साथ तुलना ध्यान अभ्यास से मिलने वाली ख़ुशी को ख़त्म कर देती है। इसके अलावा 3-5 मिनट से शुरुआत करें और धीरे-धीरे समय बढ़ाएँ। मुझे आशा है कि आपको समय बढ़ाने की ज़रूरत नहीं पड़ेगी, ध्यान में जो आनंद आपको मिलेगा उससे आपके दैनिक ध्यान का समय अपने आप बढ़ जाएगा।

लोगों को ड्रग्स, शराब या सिगरेट की आदत कैसे लग जाती है? जब लोग शुरुआत करते हैं, तो वे कम मात्रा में धूम्रपान या शराब पीते हैं। जैसे-जैसे उनका शरीर और दिमाग़ उन छोटे-छोटे शॉट्स में मिलने वाली स्थिति से प्यार करने लगते हैं, शरीर और दिमाग़ उस स्थिति के लिए और अधिक तरसने लगते हैं। समय के साथ यह एक आदत बन जाती है। आपके शरीर और दिमाग़ ने कभी भी चेतना और आनंद की उस बदली हुई स्थिति का स्वाद नहीं चखा है जो ध्यान साधना आपके लिए लाती है। एक बार जब आपका शरीर और मन उस आनंद के अभ्यस्त हो जाते हैं, तो वे स्वचालित रूप से उस अवस्था की बहुत ज़्यादा लालसा करेंगे।

जहाँ तक विचारहीन स्थिति में आने की आपकी कठिनाई का सवाल है, तो मैं समझाता हूँ कि आप इसे आसानी से कैसे कर सकते हैं। कल्पना कीजिए कि आपको आम के रस का एक गिलास मिला है और आप उस रस को पीने के लिए बेताब हैं। मैं आपको समझाता हूँ कि यह कैसे चीनी और अन्य ख़राब चीज़ों से भरा है और आपको वह गिलास क्यों छोड़ देना चाहिए। लेकिन जितना अधिक मैं इसे आपसे दूर करने की कोशिश करता

हूँ, आप इसे उतना ही कसकर पकड़ लेते हो। अब अचानक आपकी माँ काजू, बादाम और ब्लूबेरी से भरे पके जैविक आमों से बना दुनिया का सबसे अच्छा मैंगो शेक लाती है। अब आप तुरंत अपना जूस का गिलास छोड़ देंगे और मैंगो शेक ले लेंगे। जिस आम के रस के लिए आप कुछ समय पहले इतने ज़िद्दी थे, उसी आम के रस के गिलास को आपने तुरंत कैसे छोड़ दिया? जब आपके पास पकड़ने के लिए कुछ बड़ा और बेहतर हो तो किसी चीज़ को छोड़ना आसान और तेज़ होता है। जैसे-जैसे आप अनंत कायनात की चेतना के साथ अधिक से अधिक जुड़ने लगते हैं, अतीत और भविष्य के लोगों और घटनाओं के बारे में सभी विचार इतने छोटे और बेकार लगने लगते हैं कि आप उन्हें आसानी से छोड़ देते हैं।

लगभग हर जगह बहुत सारी मेडिटेशन की तकनीकें उपलब्ध हैं। आप यूट्यूब या कई मेडिटेशन एप्स पर उपलब्ध कुछ गाइडेड मेडिटेशन्स को आज़मा सकते हैं। किसी भी तकनीक में कुछ भी ग़लत या सही नहीं है। बस कुछ के साथ प्रयोग करें और आप यह पता लगाने में सक्षम होंगे कि कौन सी तकनीक आपके लिए सबसे अच्छी है। अपनी मेडिटेशन यात्रा तुरंत शुरू करें और स्वयं आनंद का अनुभव करें।

2. मौन बैठना

यह वास्तव में ध्यान का सबसे सरल और आसान रूप है। जब भी आप चाहें और जहाँ भी हों, बस अपनी आँखें बंद कर लें और अपने शरीर में जो कुछ भी हो रहा है उसके प्रति सचेत रहें। कुछ करने की ज़रूरत नहीं है, सिर्फ़ सचेत रहें।

आप बस साँस लेते और छोड़ते समय अपनी साँसों के प्रति जागरूक रहें। बस अपनी साँस लेने की लंबाई और गहराई को गौर से मन की आँखों से देखते रहें। आप अपनी साँसों को गिनना भी शुरू कर सकते हैं। यह बहुत आराम और आनंद देता है। सिर्फ़ 5 मिनट भी मौन मैं बैठना बहुत लाभकारी है और आप इसे दिन में जितनी बार चाहें, उतनी बार कर सकते हैं।

3. अभिपुष्टियों (ऐफ़र्मेशन) का दोहराव

अभिपुष्टियाँ आपकी मनचाही स्थिति के बारे में छोटे और सरल कथन हैं। अभिपुष्टियों में आप जो कह रहे हैं वह आपके पास हो भी सकता है और

नहीं भी, लेकिन अभिपुष्टियाँ वर्तमान काल में कही जाती हैं। अलग-अलग लेखकों और प्रशिक्षकों ने अभिपुष्टियाँ कहने के अलग-अलग तरीक़े सुझाए हैं लेकिन मैंने यहाँ जो बताया है वह मूल बातें हैं जिन्होंने मुझे और मेरे लाखों ट्रेनिंग प्रतिभागियों को कमाल के परिणाम दिए हैं ।

मेरा सुझाव है, अपनी अभिपुष्टियाँ छोटी और सरल रखें। अपनी खुद की अभिपुष्टियाँ बनायें ना कि ऐसा कुछ जो आप इसलिए लिखते हैं क्योंकि आपका कोई सहकर्मी या पड़ोसी कहता है। अपनी अभिपुष्टियाँ वर्तमान काल में बोलें और सबसे महत्त्वपूर्ण है दोहराव। मेरे कोच हमेशा मुझसे कहते हैं कि दोहराव सभी कौशलों की जननी है। आपकी अभिपुष्टियों की आवृत्ति और गहराई धीरे-धीरे आपके विश्वास का निर्माण करेगी।

यह अभिपुष्टियों का दोहराव है जो विश्वास की ओर ले जाता है और एक बार जब वह विश्वास गहरा हो जाता है, तो बड़ी चीज़ें घटित होने लगती हैं।

– मोहम्मद अली

विश्वास काम के दौरान दिखाई कैसे देता है?

आप में से कुछ लोगों को संदेह हो सकता है कि विश्वास एक आंतरिक चीज़ है और आपके आस-पास के लोग आपके विश्वास का कैसे पता लगाएँगे और यह दूसरों के साथ आपकी बातचीत को कैसे प्रभावित करेगा? विश्वास आपकी सफलता को जाने-अनजाने कई तरह से प्रभावित करता है।

यह कुछ ऐसे क्षेत्र हैं जहाँ आप विश्वास के प्रमाण काम में देखेंगे -

1. आपका विश्वास आपके आत्मविश्वास को कई गुना बढ़ा देता है और आत्मविश्वास आपकी सफलता के लिए एक बड़ा उत्प्रेरक है।
2. विश्वास आपकी आँखों में चमक और चेहरे पर नूर लाता है। विश्वास एक अलग तरह की आभा/वाइब प्रसारित करता है जो आपके ग्राहकों के अवचेतन तक पहुँचती है और मीटिंग से वांछित परिणाम प्राप्त करने की संभावना को कई गुना बढ़ा देती है।

3. जब आपमें विश्वास होता है तो आपकी शारीरिक भाषा बिलकुल अलग होती है। आपकी मुस्कराहट, मुद्रा, आपके चलने का तरीक़ा, सब कुछ अलग होता है जब आपको विश्वास होता है कि आपके पास जो कुछ भी है या आप जो कह रहे हैं वह दूसरों के लिए अच्छा है।
4. जब आपको विश्वास होगा तो आपके द्वारा उपयोग किए जाने वाले शब्द भी बदल जाएँगे।
5. जब आप बाज़ार में जाते हैं, तो आपको अस्वीकृतियों, असफलताओं और अवहेलना का सामना करना पड़ता है। जो लोग तमाम कठिनाइयों और अस्वीकृतियों के बावजूद डटे रहते हैं, उनमें पूरा विश्वास होता है। जब आप अपने दिल में गहराई से जानते हैं कि आपके पास वास्तव में लोगों की समस्याओं का समाधान है, तो आप इसे ग्राहकों तक ले जाने के नए तरीक़े खोज लेंगे।

सपना एक बीज है लेकिन यह बीज फल देने वाला पेड़ तभी बनेगा जब आप इस सपने को सच करने के लिए हर संभव प्रयास करेंगे और आप तभी एक्शन लेंगे जब आपको पूरा विश्वास हो कि इस बीज में एक पेड़ बनने की क्षमता है। कभी-कभी मुझे वास्तव में संदेह होता है कि क्या सपना वो है जो लोगों को एक्शन लेने के लिए प्रेरित करता है। मेरा ऐसा मानना है कि जब आपको विश्वास होता है कि आप इसके लायक़ हैं और आपको यह मिलेगा, तो आप एक्शन लेने के लिए प्रेरित होते हैं।

केवल एक चीज़ जो आपके और आपके सपने के बीच है, वह है प्रयास करने की इच्छाशक्ति और यह विश्वास कि यह वास्तव में संभव है।

– जोएल ब्राउन

अध्याय 2 की अविस्मरणीय सीख

- विश्वास सबसे बड़ी ताक़त है जो आपको तमाम असफलताओं, अस्वीकृतियों, उपहासों और असफलताओं के बावजूद आगे बढ़ते रहने की शक्ति देता है।
- भगवान जब भी आपको कोई सपना देते हैं तो उसे पूरा करने की शक्ति भी साथ में देते हैं।
- सबसे बड़ी जीत पहला क़दम उठाने में है। आप जहाँ भी हों और जो कुछ भी आपके पास है, वहीं से शुरुआत करें। जहाँ तक आप देख सकते हैं, वहाँ तक जाएँ और यह भरोसा रखें कि जब आप वहाँ पहुँच जाएँगे तो भगवान आपको उसके आगे का रास्ता दिखा देंगे।
- डर, घबराहट, शंका और झिझक हर समय बनी रहेगी। उनसे छुटकारा पाने की कोशिश मत करो। बस उन पर ध्यान केंद्रित नहीं करें और अपनी सारी ऊर्जा अगले क़दम पर केंद्रित करें।
- याद रखें कि आपके सपनों की यात्रा के हर क़दम पर ए ऐन जी ई एल (ANGEL) आपके साथ रहेंगे – नई चीज़ों को आज़माने का रोमांच, यह कैसे होगा इसकी घबराहट, नया अवसर पाने के लिए आभार, अपने सपने को हासिल करने का उत्साह और अगले मोड़ पर क्या होगा इसकी अनिश्चितता।
- जीवन एक रोलर कोस्टर की सवारी है और आपको उतार–चढ़ाव, अचानक गिरावट, तेज़ गति, ठहराव और कई मोड़ों का सामना करना पड़ेगा। हर कोई उनका सामना करता है। आपके पास एकमात्र विकल्प यह है कि आप इन घटनाओं को क्या अर्थ देते हैं और आप उनके बारे में कैसा महसूस करते हैं।
- संदेह और नकारात्मक आत्म–चर्चा आपके सपनों के सबसे बड़े हत्यारे हैं।
- संदेह और डर को दूर करने की तीन शक्तिशाली कुंजियाँ – हर विचार पर सवाल उठाएँ, अपना ज्ञान बढ़ाएँ और छोटे लक्ष्य निर्धारित करें और उन्हें हासिल करें।
- हमेशा याद रखें कि जीवन तुम्हारे साथ घटित नहीं हो रहा है, जीवन तुम्हारे लिए घटित हो रहा है।
- एक बार जब आप अपने लक्ष्य निर्धारित कर लेते हैं तो अपने लक्ष्यों से पूरी तरह से अलग हो जाएँ और दैनिक कार्यों में उत्कृष्टता हासिल करने के लिए पूरी तरह से जुड़ जाएँ।

इस अध्याय से मिलने वाले परिणामों को कई गुना बढ़ाने के लिए अभ्यास

1. जब भी आप कुछ नकारात्मक भावनाओं से गुज़र रहे हों, तो अपने आप को याद दिलाएँ कि आपको अपने मन में आने वाले हर विचार पर विश्वास नहीं करना है। हमेशा अपने आप से कहें कि आपके अपने विचार नहीं हैं। हर विचार पर सवाल उठाने का अभ्यास करें।
2. अपने जीवन के हर क्षेत्र में छोटे-छोटे लक्ष्य निर्धारित करें और उन्हें हासिल करने के लिए जो कुछ भी करना पड़े वो ज़रूर करें। अपने लक्ष्य के आकार के बारे में नहीं सोचें, अपनी पूरी ताक़त और फ़ोकस उस लक्ष्य को पूरा करने के लिए लगा दें। वह लक्ष्य पूरा होना ही चाहिए।
3. मेडिटेशन (साधना) का रोज़ अभ्यास करें। विभिन्न शैलियों और तकनीकों को आज़माएँ। जो भी आपके लिए सबसे अच्छा काम करता है उसे दोहराएँ। आप रोज़ 3-5 मिनट के अभ्यास से भी शुरू कर सकते हैं।
4. अपने लक्ष्यों के अनुरूप 3-5 अभिपुष्टियाँ (ऐफ़र्मेशन) का अपना सेट बनाएँ और उन्हें दिन में कई बार दोहराएँ।

यहां स्कैन करें और सीधे मेरी वेबसाइट पर जाएं

www.deepakbajaj.biz

इन अभ्यासों को पूरा करने के लिए विस्तृत फ़ॉर्म सपनों से हक़ीक़त 5 क़दमों में जर्नल और वर्कबुक में उपलब्ध हैं।

आप इसे मेरी वेबसाइट www.depakbajaj.biz से प्राप्त कर सकते हैं या साइड में दिए क्यूआर (QR) कोड को स्कैन करके।

3

सफलता के लिए तैयारी

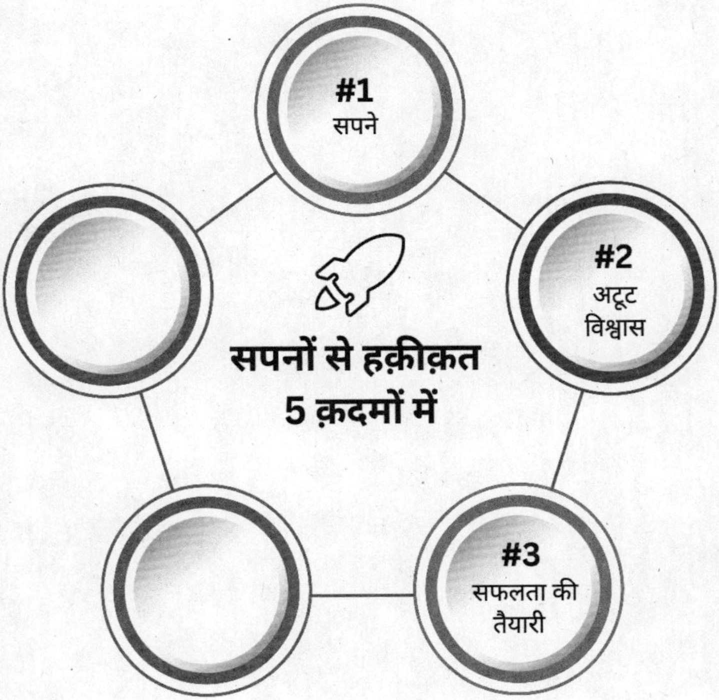

अपने सपनों का जीवन जीने की इच्छा आम बात है, यह हर किसी में होती है। तैयारी करने की इच्छा दुर्लभ है और यही इतिहास बनाने वालों और इतिहास पढ़ने वालों के बीच सबसे बड़ा अंतर है।

– दीपक बजाज

मैं तैयारी का बहुत बड़ा फ़ैन हूँ और मैं जो कुछ भी हासिल कर पाया हूँ उसमें तैयारी की प्रमुख भूमिका रही है। आप जो भी हैं और आपका अतीत जो भी रहा हो, आपकी वर्तमान आय, रैंक, वित्तीय स्थिति, शिक्षा या स्थान कुछ भी हो, आप कुछ भी हासिल कर सकते हैं और कुछ भी बन सकते हैं यदि आप तैयारी करने के लिए तैयार हैं। यह एक बड़ा दावा लग सकता है, लेकिन मुझ पर विश्वास करें यदि आप अच्छी तैयारी करते हैं, तो आप जीवन में कुछ भी हासिल कर सकते हैं। यक़ीनन, कुछ भी।

हर बार जब मैंने कोई नया सपना देखा और किसी भी नए छोटे या बड़े प्रोजेक्ट पर काम करना शुरू किया, तो मुझे डर लगता था, मुझे संदेह होता था और मुझमें पूरा आत्मविश्वास भी नहीं होता था। ईमानदारी से कहूँ तो, अब भी जब मैं कुछ नया शुरू करता हूँ तो मुझे संदेह, डर या आत्मविश्वास की कमी जैसी भावनाओं का सामना करना पड़ता है। लेकिन मैं खुद को इस एक फ़ॉर्मूले की याद दिलाता हूँ जो मेरे चेहरे पर तुरंत मुस्कान लाता है और मुझे मेरे सपने की ओर वापस ले जाता है। यह मेरा जीत का फ़ॉर्मूला है –

जैसे–जैसे आप अपनी तैयारी का स्तर बढ़ाएँगे, आपका आत्मविश्वास बढ़ेगा और आपके डर/संदेह कम होते जाएँगे।

जरा कल्पना करें कि आप कैसे काम करेंगे और आप क्या हासिल कर सकते हैं यदि आप इस प्रतिबद्धता के साथ काम करें कि मैं अपने सपनों की खोज में आगे बढ़ रहा हूँ और जो कुछ भी मेरे रास्ते में आएगा मैं उसका डटकर मुक़ाबला करूँगा, जो जानता हूँ उसका इस्तेमाल करके या फिर जो नहीं आता उसे सीख कर। आप व्यावहारिक रूप से अजेय हो जाएँगे, यदि आप केवल इस दृष्टिकोण के साथ काम करते हैं कि यदि मेरी वर्तमान क्षमताएँ पर्याप्त हैं, तो मैं उनका उपयोग करूँगा और यदि ये पर्याप्त नहीं हैं, तो मैं नई विकसित करूँगा और यदि मेरी वर्तमान टीम इसे सँभाल सकती है, तो यह अद्भुत है; यदि नहीं, तो मैं एक नई टीम विकसित करूँगा लेकिन जब तक मैं सीखना, बढ़ना और तैयारी करना जारी रखूँगा, मैं कुछ भी हासिल कर सकता हूँ। यह सरल है – यदि आप तैयारी करने के इच्छुक नहीं हैं, तो कोई भी आपकी मदद नहीं कर सकता है, लेकिन यदि आप तैयारी करने के इच्छुक हैं, तो कोई भी आपको रोक नहीं सकता है।

आइए मैं आपको एक जीत के लिए एक कभी ना भूलने वाला टूल देता हूँ जो आपको पूरे जीवन के लिए विजेता बना देगा। मैं इसे लीप (एलईएपी) कहता हूँ।

आपने यह सलाह सुनी होगी कि अपने सपनों के लिए विश्वास की छलाँग लगाएँ। एक बार जब आप इस लीप (एलईएपी) शब्द के नए अर्थ

को छलाँग शब्द से जोड़ देंगे तो आपके लिए विश्वास की छलाँग लगाना और काम करना आसान हो जाएगा।

एल ई ए पी = लर्न, एंगेज, अडैप्ट और पर्सिस्ट
(LEAP = Learn, Engage, Adapt, Persist)
एल ई ए पी (छलाँग) = सीखें, संलग्न होना, सुधार करना और क़ायम रहना

LEAP फ़ॉर्मूला चार प्रमुख गतिविधियों की याद दिलाता है जिन्हें आपको अपने सपने की प्राप्ति के दौरान लगातार जारी रखना चाहिए।

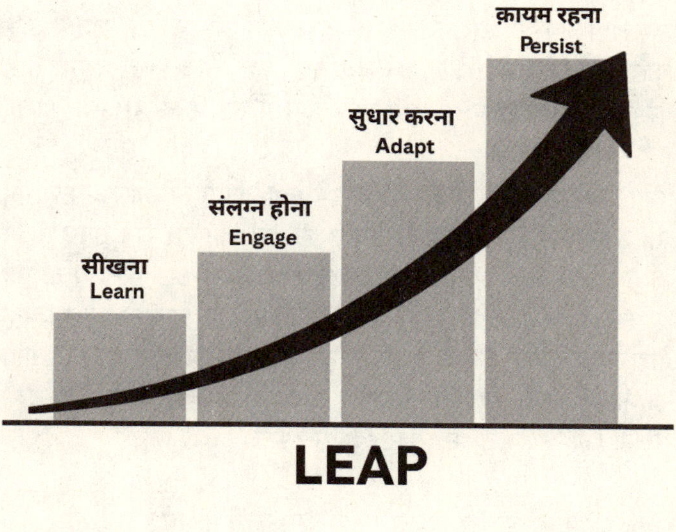

1. सीखना (Learn)

सीखना वह नींव है जिस पर आप अपने सपनों का निर्माण करेंगे। जब आप ज़्यादा सीखते हैं, तो आपको नए विचार और काम करने के नए तरीक़े मिलते हैं। सीखना तैयारी का पहला क़दम है जो आपको और ज़्यादा करने और बनने के लिए प्रेरित और सशक्त बनाता है। किताबें, कोर्सेज़, ट्रेनिंग प्रोग्राम्स, मेंटॉर्ज़ और अपने आस-पास के सभी लोगों से सीखें और इन सीखों का उपयोग अधिक और बेहतर कार्य करने के लिए करें। मैं हमेशा

मानता हूँ कि उम्र के साथ बूढ़े सब हो जाते हैं, बड़ा कोई कोई होता है। वे कौन हैं जो उम्र के साथ बढ़ते हैं – वे जो सीखते रहते हैं।

2. संलग्न होना (Engage)

काम पर दिल से जुट जाना केवल काम करने से कहीं ज़्यादा शक्तिशाली है। जब आप किसी चीज़ में संलग्न होते हैं, तो आप इसे केवल शारीरिक रूप से नहीं कर रहे होते हैं, बल्कि आप इसे अपने पूरे फ़ोकस और ध्यान के साथ सक्रिय रूप से कर रहे होते हैं। संलग्न होना चीज़ों को करने का एक बहुत ही सुंदर ध्यानपूर्ण तरीक़ा है। जब आप बच्चों को कुछ करते हुए देखते हैं तो आप काम करने और संलग्न होने के अंतर को समझ सकते हैं। ज़्यादातर लोग जब भी कुछ करते हैं तो काम कुछ और कर रहे होते हैं और सोच कुछ और रहे होते हैं, लेकिन जब बच्चे कुछ करते हैं तो वे पूरी तरह से अपने दिल और आत्मा से उसी एक काम में लगे रहते हैं। इसी को ही मैं संलग्न होना कहता हूँ।

जब आप पूरी तरह से किसी काम में लग जाएँगे तो आपके काम की गुणवत्ता बढ़ जाएगी और आपकी संतुष्टि भी बढ़ जाएगी। जब आप अपने काम में 100% संलग्न होते हैं, तो आप ब्रह्मांड की असीमित शक्ति का उपयोग करने में सक्षम होंगे और अपनी चुनौतियों के लिए नए रचनात्मक एवं आश्चर्यचकित कर देने वाले समाधानों को खोज निकालेंगे जिन्हें आप पहले कभी नहीं सोच पाते थे। इसलिए आप जो भी करते हों, उसमें पूरी तरह संलग्न होने की कला में महारत हासिल करें।

यदि आप जो कर रहे हैं उस पर विश्वास करते हैं, तो किसी भी चीज़ को आपके काम में बाधा नहीं बनने दें।

– डेल कार्नेगी

3. सुधार करना (Adapt)

जैसे-जैसे आप अधिक सीखेंगे और अधिक करेंगे, तो आप लगातार अमीर होते जाएँगे । जैसे-जैसे आप और अधिक करेंगे, आपको या तो वे परिणाम

मिलेंगे जो आप चाहते थे या आपको नई अंतर्दृष्टि मिलेगी जो आपको वांछित परिणाम प्राप्त करने का बेहतर तरीक़ा सिखाएगी। इसलिए अपनी सीख के आधार पर अपनी कार्य योजनाओं में सुधार करते रहें। जब आप अपनी सीख को अपने कार्यों में ढालते हैं, तो आपको सफलता आसानी से और तेज़ी से मिलती है।

4. क़ायम रहना (Persist)

क़ायम रहने की शक्ति के बारे में अनगिनत किताबें लिखी गई हैं और लाखों वीडियो पूरे इंटरनेट पर भरे हुए हैं। यह बात हर कोई जानता है लेकिन क़ायम रहने वाले लोग बहुत मुश्किल से मिलते हैं। मैं आपसे आग्रह करता हूँ मेरे मित्र, जब आप पहले से ही जानते हैं कि क़ायम रहना सफलता की कुंजी है, तो आप आज ही क़दम क्यों नहीं उठाते और क़ायम रहने को अपनी महाशक्ति बनाने का निर्णय क्यों नहीं लेते। यदि आप हार नहीं मानते तो आप कभी हार नहीं सकते। काम करना शुरू करें, फ़ीडबैक लेकर सुधार करें, नया एक्शन लें और इस प्रक्रिया को दोहराते जाएँ। कठिनाइयों, असफलताओं और आलोचना के सामने क़ायम रहना असीमित उपलब्धियों का निश्चित रास्ता है।

क़ायम रहने के बारे में एक चेतावनी - मैंने जानबूझकर सुधार करने के बाद ही क़ायम रहने के बारे में लिखना क्यों चुना है? ऐसा सिर्फ़ इसलिए है क्योंकि अगर आप वही पुराने काम करते रहेंगे तो आपको वही पुराने परिणाम मिलते रहेंगे। यदि आप अपनी ग़लतियों से नहीं सीखते हैं और क़ायम रहने के नाम पर उन ग़लतियों को बार-बार दोहराते रहते हैं, तो आप अपने लक्ष्यों को कैसे प्राप्त करेंगे। आप जीवन भर यह शिकायत कर सकते हैं कि इतने वर्षों तक लगातार प्रयास करने के बावजूद आप जो चाहते थे वह नहीं मिला, लेकिन परिणाम नहीं देने वाली गतिविधियों को दोहराना आपको केवल बेकार गतिविधियों का मास्टर बना देगा, इससे ज़्यादा कुछ नहीं।

आप किसी ताले के अंदर बार बार ग़लत चाबी डालकर उसे नहीं खोल सकते। मैं ऐसे लोगों को दृढ़ नहीं कहता; मैं उन्हें बेवक़ूफ़ कहता हूँ। ग़लतियों से सीखे बिना और स्मार्ट समाधान ढूँढ़े बिना, लगे रहना सिर्फ़ मूर्खता है। मेरा मानना है कि जीवन का विजयी सूत्र है - अपने सपनों

को पूरा करने के लिए दृढ़ रहें लेकिन अपने दृष्टिकोण और कार्य पद्धति में लचीले और रचनात्मक रहें।

तो, अपने जीवन के हर क्षेत्र में अल ई ए पी (LEAP) को अपना गुप्त हथियार बनाएँ। मैं आपके ऐसे जीवन और करियर की कामना करता हूँ जहाँ आप सीखते रहें, संलग्न रहें, सुधार करते जाएँ और क़ायम रहें।

एक मूर्ख व्यक्ति जिसके पास एक योजना है,
वो ऐसे प्रतिभाशाली व्यक्ति को हरा सकता है जो बिना योजना के काम करता है।

– वारेन बफ़ेट

क्या आपने बिज़नेस में अनुचित लाभ के बारे में सुना है? अनुचित लाभ एक विशिष्ट गुण या प्रवृति है जो किसी व्यक्ति या कंपनी के पास होता है जिसे कॉपी करना कठिन होता है और जो कंपनी या व्यक्ति को उसी इंडस्ट्री में अन्य खिलाड़ियों की तुलना में बहुत आगे रहने में सक्षम बनाता है। मेरा दृढ़ विश्वास है कि तैयारी आपके लिए अनुचित लाभ हो सकती है क्योंकि हर कोई जीतना चाहता है लेकिन बहुत कम लोग अपनी जीत की तैयारी के लिए प्रतिबद्ध होते हैं।

आपको कभी-कभी महसूस हो सकता है कि आपके पास जीतने के लिए पर्याप्त प्रतिभा, कौशल, शिक्षा, भाषा, पृष्ठभूमि, पावर ग्रुप या कुछ अन्य संसाधन नहीं हैं, लेकिन तैयारी एक ऐसी चीज़ है जहाँ ये सभी बहाने ख़त्म हो जाते हैं क्योंकि आपको तैयारी के लिए किसी भी संसाधन की आवश्यकता नहीं होती है। यदि आप तैयारी के लिए प्रतिबद्ध हैं, तो आप अपनी इच्छानुसार कुछ भी हासिल कर सकते हैं। अधिकांश लोग ऐसा इसलिए नहीं करते क्योंकि तैयारी करने के लिए उच्च स्तर की प्रतिबद्धता या गंभीरता की आवश्यकता होती है। दरअसल, तैयारी के प्रति आपकी प्रतिबद्धता ही वह परीक्षा है जो यह साबित करती है कि आप अपने सपनों के प्रति कितने गंभीर हैं।

आप जो चाहें हासिल कर सकते हैं, शर्त सिर्फ़ यह है कि आप उसके लिए कोई भी क़ीमत चुकाने को तैयार हों।

यदि आप वास्तव में अपने सपनों को प्राप्त करने के लिए प्रतिबद्ध हैं, तो यहाँ नीचे तैयारी की वह रूपरेखा है जिसका मैं व्यक्तिगत रूप से उपयोग कर रहा हूँ और मेरे सभी हाई परफ़ॉर्मेन्स कोचिंग क्लाइंट भी। यह रूपरेखा आपको अपने सपने को पूरा करने से पहले व्यापक तैयारी करने के लिए सशक्त बनाएगी। आपकी तैयारी तब पूरी होगी जब आप इन सभी 5 क्षेत्रों में अच्छी तैयारी करेंगे –

1. **अपनी क्षमताओं को बढ़ाना**
2. **सही टीम बनाना**
3. **अपने सिस्टम को अपने लक्ष्यों के अनुरूप बनाना**
4. **आर्थिक प्रबंधन**
5. **भावनात्मक लचीलापन**

1. अपनी क्षमताओं को बढ़ाएँ

सफलता का हर अगला स्तर आपके अगले स्वरूप की माँग करता है। आप पुराने स्तर की मानसिकता, कौशल और दैनिक कामकाज की आदतों के साथ काम करके सफलता की नई ऊँचाइयों को छूने की उम्मीद नहीं कर सकते।

– दीपक बजाज

पिछले 21 वर्षों में 2 मिलियन से अधिक लोगों के साथ ट्रेनिंग और काम करने के बाद, मुझे अहसास हुआ है कि अपनी क्षमता में वृद्धि नहीं करना लोगों के उसी पुराने स्तर पर अटके रहने का सबसे बड़ा कारण है। हालाँकि वे अपनी असफलता के लिए कई अलग अलग कारणों को दोषी ठहराते हैं, लेकिन लोग यह मान नहीं पाते हैं कि अपनी मानसिकता, कौशल और काम करने के तरीक़ों को उन्नत नहीं करना उनकी सफलता में सबसे बड़ी बाधा है।

जैसे ही आप अपनी नज़रें अपने नए बड़े सपने पर लगाते हैं, स्पष्ट रूप से पहचानें कि जो नए सपने आप अभी देख रहे हैं उन्हें प्राप्त करने के लिए आपको कैसा इंसान बनने की आवश्यकता है। उन परिणामों की कल्पना करें जिन्हें आप हासिल करना चाहते हैं और फिर कल्पना करें कि वह कैसा व्यक्ति होता है जिसे इस तरह के परिणाम मिलते हैं। वह व्यक्ति क्या करता है, वह कैसे सोचता है, वह लोगों को कैसे सँभालता है, वह कैसे संवाद करता है, वह वित्त का प्रबंधन कैसे करता है और वह असफलताओं और अस्वीकृतियों को कैसे सँभालता है।

एक बार जब आपके पास एक स्पष्ट तसवीर होती है कि आपको कैसा बनना है तो आपको वह करने की ज़रूरत है जिसे मैं एमएचएस गैप एनालिसिस (मानसिकता, आदतें और कौशल गैप विश्लेषण) कहता हूँ। आप इसे नीचे दिए गए प्रारूप के अनुसार किसी भी डायरी/नोटबुक पर या सपनों से हक़ीक़त 5 कदमों में जर्नल और वर्कबुक में कर सकते हैं।

एम.एच.एस गैप विश्लेषण
MHS Gap Analysis

	आपको क्या चाहिए?	आपके पास क्या है?	अंतर क्या है?
माइंडसेट Mindset			
आदतें Habits			
कौशल Skills			

पहले कॉलम में लिखें कि आपको अपने सपनों को हासिल करने के लिए किस प्रकार की मानसिकता, आदतों और कौशल की आवश्यकता है। दूसरे कॉलम में लिखें कि आपकी मानसिकता, आदतों और कौशल का वर्तमान स्तर क्या है। अब दोनों की तुलना करें और मानसिकता, आदतों और कौशल में उस अंतर को स्पष्ट रूप से पहचानें जिन्हें आपको विकसित करना है, वो बनने के लिए जो आप बनना चाहते हैं और इन्हें कॉलम 3 में

लिखें। एम.एच.एस. गैप विश्लेषण की यह एक शीट पूरी तरह से मेरे लाखों ट्रेनिंग अनुभगियों के लिए गेम चेंजर साबित हुई है। मैं आपसे अनुशंसा करता हूँ कि आप भी इसे आज ही करें।

आपके द्वारा विकसित प्रत्येक कौशल आपकी सफलता की संभावनाओं को दोगुना कर देता है।

– स्कॉट एडम्स

एक बार जब आप नए कौशल, मानसिकता और आदतों की पहचान कर लेते हैं जिन्हें आपको अपनाने की आवश्यकता है, तो बस वहीं नहीं रुकें। सर्वश्रेष्ठ सलाहकारों, कोर्सेज़, ट्रेनिंग प्रोग्रामों या निःशुल्क संसाधनों का पता लगाएँ और खुद को सर्वश्रेष्ठ बनाने के मिशन पर लग जाएँ। याद रखें कि कुंजी केवल लक्ष्य या पीडीए लिखना नहीं है, असली खेल नया व्यक्ति बनना है और एक बार जब आप खुद का यह नया संस्करण बन जाते हैं, तो नए परिणाम ख़ुद ब ख़ुद मिलने शुरू हो जाएँगे।

जब आप अपनी क्षमताओं को बढ़ाने पर काम करना शुरू करते हैं, तो आपको दो अलग-अलग क्षेत्रों में काम करने की ज़रूरत होती है –

1. अपनी मौजूदा क्षमताओं को निखारें और बढ़ाएँ

2. नए लक्ष्यों के लिए आवश्यक नई क्षमताएँ विकसित करें

उदाहरण के लिए, यदि आप एक सेल्समेन हैं और आप सेल्स में बहुत अच्छा होना चाहते हैं, तो आपको प्रोस्पेक्टिंग, बिज़नेस मीटिंग्स आयोजित करना, लोगों के सवालों के जवाब देना और सेल्स क्लोजिंग जैसे कौशल विकसित करने की आवश्यकता है। इन कौशलों को निखारने से निश्चित रूप से आपको एक बेहतर सेल्स प्रोफ़ेशनल बनने में मदद मिलेगी, लेकिन यदि आपका लक्ष्य सेल्स मैनेजर या सेल्स विभाग का प्रमुख बनना है, तो आपको लीडरशिप और मैनेजमेंट जैसे कौशल विकसित करने की भी आवश्यकता होगी ताकि आप सेल्स प्रोफ़ेशनल्स की एक टीम को प्रेरित कर सकें, ट्रेनिंग दे सकें, कंपनी के सेल्स लक्ष्यों को पूरा करने के लिए का मार्गदर्शन और सफलतापूर्वक नेतृत्व कर सकें।

कई महान डिजाइनर, शिक्षक, डॉक्टर या वकील, जो अपने क्षेत्र में सर्वश्रेष्ठ हैं, अपनी ही इंडस्ट्री में अपना बिज़नेस शुरू करने पर सफल बिज़नेसमैन क्यों नहीं बन पाते हैं, क्योंकि एक बिज़नेसमैन और कंपनी के प्रमुख होने के लिए सिर्फ़ डिजाइनिंग, शिक्षण, चिकित्सा के अलावा भी कई अन्य क्षमताओं की आवश्यकता होती है जो सिर्फ़ डिजाइनिंग, शिक्षण या डॉक्टर बनने से अलग होती हैं। यही कारण है कि बीमा या नेटवर्क मार्केटिंग में अनगिनत लोग महान सेल्समैन होने के बावजूद आगे नहीं बढ़ पाते हैं क्योंकि टीम मैनेजमेंट और कंपनी के लक्ष्यों की प्राप्ति के लिए लोगों का नेतृत्व करना अकेले कुछ करने से पूरी तरह से अलग होता है।

स्किल गैप एनालिसिस करते समय, कृपया अपनी इंडस्ट्री के उच्च सफलता कौशल का अध्ययन करना नहीं भूलें। प्रत्येक इंडस्ट्री में, कुछ मूल सिद्धांत और विशिष्ट कौशल होते हैं जो उस विशेष इंडस्ट्री में सफलता के लिए सबसे अधिक योगदान देते हैं। उन उच्च सफलता कौशलों को पहचानना और उन कौशलों में खुद को सुधारना वास्तव में महत्वपूर्ण है। अपने बिज़नेस में वर्तमान रुझानों (ट्रेंड्ज़) पर विचार करना भी याद रखें। हर कुछ वर्षों में तकनीकी, सोशल मीडिया, ए.आई. और अन्य सामाजिक परिवर्तनों की वजह से बिज़नेस करने के तरीक़ों में लगातार बदलाव होता रहता है। यदि आप इन बदलावों को अपना सकें तो बड़ी सफलता हासिल करना आसान हो जाएगा।

कृपया याद रखें कि यदि आप कुछ भी करते रहेंगे, तो आपको कुछ भी परिणाम मिलेंगे, लेकिन यदि आप सही समय पर सही तरीक़े से सही कामों को करेंगें तो आपको मनचाहे परिणाम मिलेंगे। जब आप उच्च सफलता कौशल में निपुण हो जाते हैं तो सफलता आसान और तेज़ हो जाती है। लोगों को ट्रेन और ट्रांसफ़ॉर्म करने के अपने 2 दशकों से अधिक अनुभव के साथ, मैं आपको पूरे विश्वास के साथ बता सकता हूँ कि यदि लोग अपने लक्ष्य निर्धारित करने के तुरंत बाद एम.एच.एस. विश्लेषण करें तो कोई भी सपना पूरा किया जा सकता है।

भविष्य उनका है जो अधिक कौशल सीखते हैं और उन्हें रचनात्मक तरीक़ों से इस्तेमाल करते हैं।

–रॉबर्ट ग्रीन

2. सही टीम का निर्माण

जितना बड़ा सपना, उतनी ही महत्त्वपूर्ण टीम।

– जॉन सी. मैक्सवेल

आप अपना सपना पूरा कर पाएँगे या नहीं, इसका एक प्रमुख निर्धारक आपकी टीम है। आपकी उपलब्धियों की आकार सीधे तौर पर आपकी टीम की ताक़त पर निर्भर करता है। एक अच्छी टीम ना केवल सफलता की संभावनाओं को कई गुना बढ़ा देती है बल्कि यात्रा को भी आनंददायक बना देती है।

मैं स्कूल और कॉलेज में एक अच्छा छात्र था। मैं अपना होमवर्क करने, अपनी परीक्षाएँ लिखने या कुछ भी जो मुझे अकेले करना होता था, करने में अच्छा था, लेकिन टीमों में काम करने में मैं बहुत ख़राब था। मुझमें ना केवल लोगों के साथ संवाद करने में आत्मविश्वास की कमी थी, बल्कि मैंने कभी भी यह नहीं माना कि एक साथ काम करना अकेले काम करने से बेहतर था। लेकिन जैसे ही मैंने बिज़नेस की दुनिया में अपना क़दम रखा, मुझे धीरे-धीरे अहसास हुआ कि मेरी सेल्स का प्रदर्शन उन स्थानों पर कई गुना बेहतर था जहाँ हम मिशन की उपलब्धि के लिए एक-दूसरे के साथ गठबंधन वाली टीमों में काम कर पा रहे थे। हालाँकि मैं सेल्स बढ़ाने में टीम वर्क की शक्ति को महसूस कर रहा था, लेकिन जब तक मैंने सही टीम के निर्माण और विकास की बारीकियाँ नहीं सीखीं, तब तक मैं सभी स्थानों पर अच्छे टीम वर्क को दोहरा नहीं सका। जैसे-जैसे मैंने टीमों को विकसित करने में महारत हासिल करना शुरू किया, मैं 2005 में अपनी कंपनी का सबसे कम उम्र का क्षेत्रीय मैनेजर बन गया।

2007 में, मैंने अपने पहले बिज़नेस को शुरू करने और आगे बढ़ाने के लिए अपनी नौकरी से इस्तीफ़ा दे दिया। मैंने सभी रिकॉर्ड तोड़ दिए और बेहतरीन टीमों के निर्माण और विकास के कारण उस बिज़नेस में फिर से टॉप पर पहुँच गया। 2018 से, मैं सफलतापूर्वक एक ट्रेनिंग और कोचिंग कंपनी चला रहा हूँ और कुछ महीने पहले हमने एक ब्रांडिंग, सोशल मीडिया और डिजिटल मार्केटिंग कंपनी भी शुरू की है। अगर मैं संक्षेप में कहूँ तो पिछले 21 वर्षों के करियर से मेरी मुख्य सीख यह है – आप उतने ही मज़बूत हैं

जितनी मज़बूत आपकी टीम। आप उतने ही बड़े हैं जितनी बड़ी आपकी टीम। आप उतने ही स्मार्ट हैं, जितनी स्मार्ट आपकी टीम।

सही टीम और सिस्टम के बिना सपना केवल एक भ्रम मात्र है।

– दीपक बजाज

ना केवल बिज़नेस की दुनिया में, बल्कि अच्छी तरह से चलने वाले घर से लेकर हर सफल संस्था का मूल आधार टीम वर्क है। हालाँकि ऐसा प्रतीत हो सकता है कि एक ही व्यक्ति पूरे काम को चला रहा है, लेकिन हर घर, खेल की टीम, राजनीतिक दल, निगम, सामाजिक सेवा संगठन या जीवन या व्यवसाय में किसी अन्य इंडस्ट्री में सफलता हमेशा टीम वर्क का परिणाम होती है। इसलिए, जब आप अपने सपने को पूरा करने के लिए काम करना शुरू करें तो कृपया सही टीम बनाना याद रखें। जैसे-जैसे आपकी टीम की गुणवत्ता और कार्य की गतिशीलता में सुधार होगा, वैसे-वैसे आपकी उपलब्धियों की ऊँचाई भी बढ़ेगी।

'खुद के दम पर बना मनुष्य' जैसी कोई चीज़ नहीं होती। दूसरों की मदद से ही आप अपने लक्ष्य तक पहुँच पाएँगे।

– जॉर्ज शिन

अब अच्छी ख़बर – यदि आप कभी भी एक अच्छे टीम खिलाड़ी नहीं रहे हैं, तो चिंता नहीं करें। टीम खिलाड़ी बनना एक कौशल है जिसे विकसित किया जा सकता है। टीम कौशल विकसित करते समय कृपया याद रखें, हम सभी का व्यक्तित्व अद्वितीय है और आप कुछ प्रमुख गुण और कौशल तो विकसित कर सकते हैं जो आपको टीम का बेहतर नेतृत्व करने में मदद कर सकते हैं, लेकिन हमारा अपना अनोखा टीम मैनेजमेंट स्टाइल होना बिलकुल ठीक है। जब आप एक महान टीम लीडर बनने पर काम करते हैं, तो आपको दो अलग-अलग क्षेत्रों पर काम करने की ज़रूरत होती है – स्वयं एक सर्वश्रेष्ठ खिलाड़ी बनें और सर्वश्रेष्ठ खिलाड़ियों की एक टीम विकसित करें। आइए मैं जल्दी से कुछ टिप्स बताता हूँ जो एक टीम लीडर बनने की आपकी यात्रा में आपकी सहायता कर सकती हैं।

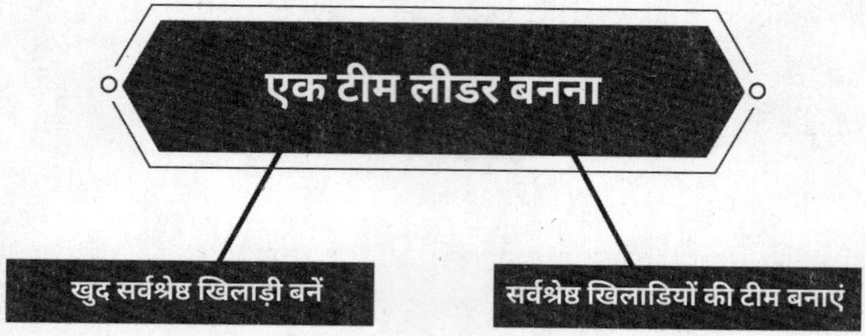

सर्वश्रेष्ठ खिलाड़ी बनने के लिए सबसे पहली चीज़ जो आपको करने की ज़रूरत है वह है खुद पर काम करना। नियम सरल है – आप जो सपना देखते हैं उसे आकर्षित नहीं करते हैं, बल्कि आप केवल वही आकर्षित करेंगे जो आप हैं। इंजन की गति ट्रेन की गति है। यदि आप वास्तव में अपनी टीम में सर्वश्रेष्ठ खिलाड़ी चाहते हैं, तो आपको स्वयं सर्वश्रेष्ठ खिलाड़ी बनना होगा क्योंकि सर्वश्रेष्ठ लोग कभी भी एक एवरेज लीडर के साथ काम नहीं करेंगे। इसलिए और अधिक सीखें, और अधिक करें और आप जो करते हैं उसमें बेहतर होते रहें। आपकी विशेषज्ञता का क्षेत्र कोई भी हो सकता है लेकिन आपको उच्चतम स्तर के व्यक्तिगत स्टैण्डर्ड, काम करने के तरीक़े, काम करने के उसूल, मूल्यों और श्रेष्ठता का प्रदर्शन करना चाहिए।

बिज़नेस में महान काम कभी भी एक व्यक्ति द्वारा नहीं किए जाते; वे लोगों की एक टीम द्वारा किए गए हैं।

– स्टीव जॉब्स

जब एक महान टीम विकसित करने की बात आती है, तो मैं आपको एक बहुत ही शक्तिशाली फ़ॉर्मूला देता हूँ जो याद रखना आसान है, लागू करना सरल है और अपने परिणामों के लिए साबित किया हुआ है। इसने मेरी और मेरे 2 दशकों से मेरे हज़ारों हाई परफ़ॉर्मेन्स कोचिंग क्लाइंट की मदद की है और मैं इसे आइडिया कहता हूँ। यह है टीम विकास का आई डी ई ए (IDEA) फ़ॉर्मूला –

1. **सही लोगों की पहचान करें**
2. **अपने साथियों का विकास करें**
3. **ऐसा वातावरण बनाना जो उनके परिणाम को बेहतर करे**
4. **टीम के प्रत्येक सदस्य की जवाबदेही**

1. सही लोगों की पहचान करें (Identify Right People)

सही लोगों की पहचान करना सफलता की कुंजी है। सही लोगों के बारे में सबसे अच्छी बात यह है कि उन्हें कम से कम निगरानी की आवश्यकता होती है और वे तेज़ी से काम की ज़िम्मेदारी ले लेते हैं। चाहे आप कॉर्पोरेट नौकरी, बिज़नेस या नेटवर्क मार्केटिंग या एफ़िलिएट मार्केटिंग में हों, हमेशा सही लोगों की तलाश में रहें और जब भी आप उन्हें देखें, उन्हें टीम में शामिल करें।

2. अपने साथियों का विकास करें (Develop them)

सर्वोत्तम हीरों को भी चमकाने की ज़रूरत होती है और सभी प्रतिभाशाली लोगों को भी। लोगों के विकास को यूँ ही नहीं छोड़ें। अपनी कंपनी या टीम में लोगों को ट्रेनिंग देने का एक नियमित सिस्टम बनाएँ। उन्हें अपनी प्रतिभा निखारने का सही अवसर दें। लोगों को अलग-अलग टीमों या प्रोजेक्ट में रखें ताकि वे एक-दूसरे से भी सीख सकें। जब भी संभव हो उन्हें अपना व्यक्तिगत समय दें और यदि वे कोई ग़लती करते हैं तो उनके साथ खड़े रहें। लोगों के विकास को कंपनी की प्राथमिकता बनाएँ।

टीम की ताक़त प्रत्येक व्यक्तिगत सदस्य है।
प्रत्येक सदस्य की ताक़त टीम है।

– फ़िल जैक्सन

3. ऐसा वातावरण बनाना जो उनके परिणाम को बेहतर करे (Environment to fuel their performance)

मेज़ पर छोटे फूलदान में रखा मनी प्लांट हमेशा छोटा ही रहता है लेकिन वही मनी प्लांट जब बगीचे में लगाया जाता है तो कई मंज़िल तक चढ़

सकता है। क्या बदला है– वातावरण। वातावरण प्रदर्शन को प्रभावित करता है और कई अध्ययनों में यह साबित हुआ है कि यह लोगों के प्रदर्शन का एक प्रमुख निर्धारक है। आपने देखा होगा कि जब छात्रों का स्कूल या कॉलेज बदल जाता है तो उनके प्रदर्शन में बदलाव आता है। कई लोग जो किसी एक संस्था में अच्छा प्रदर्शन नहीं कर पाते, वे किसी अन्य संस्था में अच्छा प्रदर्शन करने लगते हैं। एक ही व्यक्ति अपने स्थान के आधार पर अलग–अलग व्यवहार प्रदर्शित करेगा - घर, जिम, मंदिर, कार्यालय या डिस्को। इसलिए वातावरण ने खुद को लोगों के प्रदर्शन का सबसे बड़ा निर्धारक साबित कर दिया है।

एक लीडर के रूप में आपका मुख्य काम एक ऐसा माहौल बनाना है जहाँ सर्वश्रेष्ठ खिलाड़ी एक साथ रहना, एक साथ काम करना और अपना सर्वश्रेष्ठ प्रदर्शन करना पसंद करें। वातावरण संस्कृति का निर्माण करता है और संस्कृति सर्वोत्तम प्रतिभा को आकर्षित करती है और बनाए रखती है। आपको एक ऐसा वातावरण बनाने की आवश्यकता है जो विश्वास, पारदर्शिता, आपसी समर्थन, विकास, जवाबदेही और उत्कृष्टता की संस्कृति को बढ़ावा दे। अच्छा प्रदर्शन करने वालों को पुरस्कृत करें और अच्छा प्रदर्शन नहीं करने वालों के साथ दृढ़तापूर्वक व्यवहार करें।

4. टीम के प्रत्येक सदस्य की जवाबदेही (Accountability of each team member)

जवाबदेही एक महत्त्वपूर्ण गुण है जिसे मैं हमेशा टीम के सदस्यों में खोजता हूँ। जवाबदेही दिए गए काम की पूरी मालिकी है। जब आप जवाबदेह होते हैं तो आप अपना काम बिना किसी रिमाइंडर के करते हैं और अपना वादा पूरा करते हैं। एक व्यक्ति जो जवाबदेह है वह वही करता है जो वह कहता है और वही कहता है जो वह करता है। जवाबदेही विश्वास और प्रतिष्ठा का निर्माण करती है। जैसे–जैसे आप या आपकी टीम लीडरशिप की श्रेणी में आगे बढ़ती है, जवाबदेही किसी भी अन्य गुण से अधिक हो जाती है।

इसलिए IDEA फ़ॉर्मूले का उपयोग करके एक बेहतरीन टीम बनाएँ और अपनी लीडरशिप में आगे बढ़ते रहें।

एक साथ आना एक शुरुआत है। मिलजुल कर रहना प्रगति है। साथ मिलकर काम करना सफलता है।

– हेनरी फ़ोर्ड

IDEA Formula for developing Great Teams
महान टीमें विकसित करने का आईडिया फार्मूला

- **I**dentify right people
  सही लोग चुनें
- **D**evelop your teammates
  टीममेट्स का विकास करें
- **E**nvironment to fuel their performance
  उनके प्रदर्शन को बढ़ावा देने के लिए वातावरण बनाएं
- **A**ccountability of each person for results
  परिणामों के लिए सबकी अपनी अपनी जवाबदेही

3. अपने सिस्टम को अपने लक्ष्यों के अनुरूप बनाना

एक अच्छा सिस्टम लक्ष्य तक पहुँचने का रास्ता छोटा कर देती है।

– ओरिसन स्वेट मार्डन

एक अच्छी टीम विकसित करने के बाद सबसे बड़ी चुनौती उस टीम को सक्रिय रूप से सार्थक गतिविधियों में लगाए रखना है जो अपने आप से अच्छे परिणाम प्रदान करती हैं। आप हर समय टीम के प्रत्येक सदस्य के साथ नहीं रह सकते। टीम के सदस्यों को विभिन्न परिस्थितियों का सामना करना पड़ेगा। टीम का प्रत्येक सदस्य हर दिन अलग-अलग मूड और भावनाओं से गुज़रेगा। लोग कुछ चीज़ें भूल सकते हैं या कुछ चीज़ें करना पसंद नहीं कर सकते। हर सप्ताह ट्रेनिंग और मोटिवेशनल सेशन आयोजित करना व्यावहारिक रूप से संभव नहीं है। टीम के प्रत्येक सदस्य के पास अलग-अलग लोगों और स्थितियों को सँभालने की अलग-अलग क्षमताएँ और दृष्टिकोण होते हैं। अब आप यह कैसे सुनिश्चित करते हैं कि लोग लगातार सही काम करें और कंपनी सही परिणाम दे, यदि हमेशा नहीं तो अधिकांश समय? उत्तर है -सिस्टम।

सिस्टम गतिविधियों, गाइडलाइन्स, तकनीकों और टूल्स की एक संयोजन है जिसका कंपनी में सभी को पालन करने की आवश्यकता होती है। सिस्टम यह सुनिश्चित करता है कि हर कोई लगातार सही काम करे और मेरा दृढ़ विश्वास है कि जब लगातार सही काम किया जाता है तो परिणाम अपने आप आ जाते हैं। सिस्टम यह सुनिश्चित करता है कि मौजूदा टीम के सदस्य ट्रैक पर बने रहें और नए सदस्य तुरंत ट्रैक पर आ जाएँ। सिस्टम चिंताओं और शिकायतों को सँभालने के तरीक़े पर स्पष्टता लाता है। सिस्टम लोगों का मार्गदर्शन तब भी करता है जब वे इस बात को लेकर भ्रमित होते हैं कि कुछ स्थितियों में क्या करना चाहिए।

पहले आप सिस्टम बनाते हैं और
फिर सिस्टम आपका बिज़नेस बनाते हैं।

– दीपक बजाज

इसलिए चाहे आप और आपकी संस्था कैसा भी काम करते हों और आपके सपनों का आकार कुछ भी हो, यदि आप आगे बढ़ना चाहते हैं, तो सही सिस्टम स्थापित करना ही एकमात्र समाधान है। आप में से कुछ लोग कह सकते हैं कि आपने सिस्टम स्थापित करने की बहुत कोशिश की है लेकिन लोग उनका पालन नहीं करते हैं। आइए मैं लाखों व्यक्तियों और कंपनियों

के लिए सिस्टम बनाने के अपने 2 दशकों के अनुभव के साथ आपके लिए इस पहेली को हल कर देता हूँ।

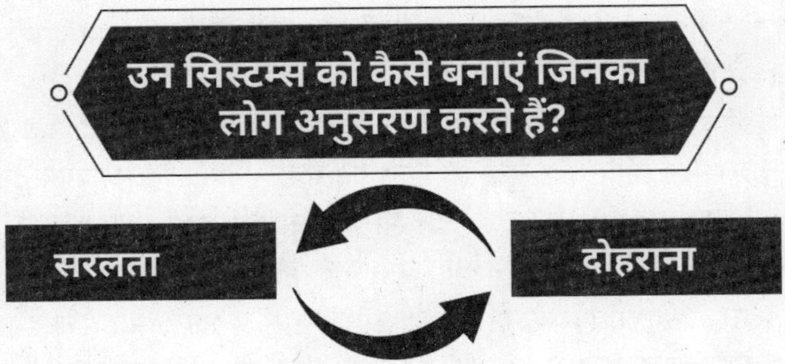

1. सरलता

जटिल या कठिन चीज़ों से बचने की कोशिश करना मानव स्वभाव है। मौक़ा मिलने पर हम सभी कम से कम मुश्किल रास्ता चुनना पसंद करते हैं। लाखों लोगों को ट्रेनिंग और कोचिंग देने के बाद मैंने गहराई से महसूस किया है कि लोग तभी बदलते हैं जब बदलाव ही एकमात्र विकल्प होता है। आख़िरी चीज़ जो हम सभी करना चाहते हैं वह है कठिन रास्तों पर चलना। इसलिए सिस्टम जितनी ज़्यादा जटिल होगा, लोगों में इसका प्रतिरोध उतना ही अधिक होगा। यह जितना सरल होगा, इसका पालन उतनी ही आसानी से होगा। तो सरल परिणाम देने वाले सिस्टमों और गतिविधियों का एक संयोजन करके शुरुआत करें। जब लोगों को एक निश्चित तरीक़े से काम करने पर परिणाम मिलते हैं, तो वे उसे ख़ुद ब ख़ुद ज़्यादा फ़ॉलो करना शुरू कर देते हैं।

साथ ही, अगर कुछ लोग सिस्टम का पालन नहीं करते हैं तो आश्चर्यचकित और निराश नहीं हों। ऐसा हर कंपनी में होता है। यदि ये लोग आपकी बात सुनने के लिए तैयार हैं और इन्हें थोड़ी अतिरिक्त सहायता की आवश्यकता है, तो कृपया ज़रूर कोशिश करें। यदि यह काम नहीं करता है, तो नए लोगों को खोजें।

2. दोहराना

मेरे कोच ने मेरे मन में यह बात स्पष्ट रूप से स्थापित कर दी कि दोहराव ही सभी सफलताओं की जननी है। इसलिए यदि आप चाहते हैं कि आपकी टीम किसी चीज़ को फ़ॉलो करे, तो उसे दोहराते रहें। इसे अपने शब्दों के साथ-साथ अपने कार्यों में भी दोहराएँ। हर कोई एक दिन आपको फ़ॉलो करना शुरू कर देगा, फ़र्क़ सिर्फ़ इतना है कि कुछ लोगों के लिए वह दिन आज का दिन होगा और कुछ के लिए यह कुछ महीनों तक आपको देखने के बाद का दिन हो सकता है। जो भी हो, अच्छी कार्यों को दोहराते रहें और अंत में लोग आपको फ़ॉलो करना शुरू कर ही देंगे।

मेरे ट्रेनिंग प्रोग्राम के दौरान कई लोग मुझसे पूछते हैं – हमें कब तक सही काम दोहराते रहना चाहिए ताकि हर कोई उसको फ़ॉलो करना शुरू कर दे? मेरा उत्तर है- हमेशा के लिए। यदि आप दृढ़ता से मानते हैं कि आप जो भी कर रहे हैं वह सही काम है, तो आपको इसे रोकना ही क्यों है? आप सही कामों को करना जारी रखें। यदि यह सरल है और परिणाम देता है, तो अंत में हर कोई इसका पालन करेगा और जैसा कि मैंने पहले कहा था, यदि कुछ लोग अपने रवैये से दिखाते हैं कि वे इसका पालन नहीं करना चाहते हैं तो इस नियम का पालन करें जो मैंने अपनी चौथी पुस्तक में विस्तार से लिखा था –

अगर लोग नहीं बदलते, तो लोगों को बदल दो।

वैसे, क्या आपने कभी सोचा है कि दोहराव इतना कठिन क्यों है? दरअसल दोहराव का मतलब है एक ही काम को बार-बार करना और एक ही काम को बार-बार करना बोरिंग होता है। जब हम दिन-ब-दिन, महीने-दर-महीने, साल-दर-साल एक ही काम करते रहते हैं, तो हम बोर हो जाते हैं और हम कुछ नया और फ़ैंसी आज़माने के लिए अधीर हो जाते हैं। जब हम उस नए विचार या तकनीक की तलाश में होते हैं, तो तुरंत हमें सोशल मीडिया पर कुछ नया मिल भी जाता है और हम रास्ते से भटक जाते हैं।

यह सोशल मीडिया और इंटरनेट के सबसे बड़े ख़तरों में से एक है। इंटरनेट ऐसे लोगों से भरा पड़ा है जो दावा करते हैं कि वे कुछ ही हफ़्तों में आपको वज़न कम करने, नई आदतें बनाने, लाखों कमाने, पैसिव इनकम स्थापित करने, आर्थिक आज़ादी प्राप्त करने या लाखों फ़ॉलोवर्स प्राप्त करने

में मदद कर सकते हैं। वैसे भी आप बोर हो चुके थे और अब आपको शॉर्टकट मिल गया है, तो आप जो भी कर रहे थे उसे करना बंद कर के, इस नए फ़ैंसी फ़ॉर्मूले को आज़माना शुरू कर देते हैं। *आप यह जाँचना भी भूल जाते हैं कि क्या ये सभी लोग जो इतने बड़े-बड़े दावे कर रहे हैं, उन्होंने कभी वास्तव में खुद के लिए या कुछ अन्य लोगों के लिए समान परिणाम दिए भी हैं या नहीं।*

लेकिन हर नई फ़ैंसी तकनीक को आजमाने की प्रवृत्ति हमें राह से भटका देती है। मैं यह नहीं कह रहा हूँ कि आपको नई चीज़ें नहीं आज़मानी चाहिए और काम करने के नए तरीक़ों के साथ प्रयोग नहीं करना चाहिए। ऐसा 3 महीने या 6 महीने में एक बार करें, लेकिन अगर आपको कुछ ऐसा मिल गया है जो आपको परिणाम दे रहा है, तो कम से कम इसे कुछ महीनों तक लगातार दोहराएँ। मार्शल आर्ट के दिग्गज ब्रूस ली ने इसे ख़ूबसूरती से व्यक्त किया है –

मैं उस आदमी से नहीं डरता जिसने 10,000 अलग-अलग किक का सिर्फ़ एक बार अभ्यास किया है, बल्कि मैं उस आदमी से डरता हूँ जिसने एक किक का 10,000 बार अभ्यास किया है।

एक और चीज़ जो कभी-कभी लोगों को लंबे समय तक सही काम नहीं करते देती, वह है शॉर्टकट खोजने की उनकी प्रवृत्ति। व्यक्तिगत रूप से मैंने देखा है कि बहुत से लोग परिणाम को लेकर इतने आसक्त होते हैं कि काम करने की पूरी यात्रा उन्हें एक सज़ा की तरह लगती है। मैं भी एक सममय में कुछ कुछ ऐसा ही था – केवल किसी भी तरह से परिणाम प्राप्त करने के बारे में पागलपन की हद तक जुनूनी। लेकिन मुझे अहसास हुआ कि जादू तब होता है जब आप सपने पूरे करने की प्रक्रिया से प्यार करने लगते हैं। सपना निर्धारित करें, उन कामों की लिस्ट बनाएँ जो आपको वहाँ तक लेकर जाएँगे और फिर प्रक्रिया में पूरे विश्वास के साथ इसे हर दिन ख़ुशी से करें। यात्रा का जश्न मनाएँ।

3. धन प्रबंधन

ढेर सारा पैसा कमाना नहीं बल्कि इसे सँभालना समृद्धि की कुंजी है।

– डेव रैमसे

पैसा जीवन के सबसे महत्त्वपूर्ण कारकों में से एक है और इसकी खोज के बाद से यह चर्चा के सबसे गर्म विषयों में से एक रहा है। इस विषय को यहाँ शामिल करने का एक मुख्य कारण यह है कि मैंने व्यक्तिगत रूप से ऐसे अनगिनत लोगों को देखा है जिनका जीवन और करियर पैसे ना सँभालने के कारण बर्बाद हो गया है। पैसे के दो पहलू हैं जिन पर आपको महारत हासिल करना होगा – एक है अपनी वर्तमान इनकम, ख़र्चों और जीवनशैली की स्थिति को सँभालने के बारे में और दूसरा भविष्य के लिए धन प्रबंधन के बारे में। धन प्रबंधन और निवेश अपने आप में एक बड़ा विज्ञान है जिसमें महारत हासिल करने के लिए किताबों के ज्ञान के साथ साथ समय और अनुभव की आवश्यकता होती है। जब तक आप धन प्रबंधन में विशेषज्ञ नहीं बन जाते, यहाँ मेरी कुछ मूलभूत सिफ़ारिशें दी गई हैं जिनका मैं व्यक्तिगत रूप से कई वर्षों से पालन कर रहा हूँ –

1. कभी भी वह चीज़ नहीं खरीदें जिसकी आपको आवश्यकता नहीं हो। ऐसी चीज़ें हैं जिन्हें हम इसलिए ख़रीदते हैं क्योंकि हमें उनकी ज़रूरत है और बहुत सी ऐसी चीज़ें हैं जिन्हें हम सिर्फ़ इसलिए ख़रीदते हैं क्योंकि हमें लगता है कि उन चीज़ों के होने से हम अधिक प्यारे, आकर्षक, प्रभावशाली आदि बन जाएँगे या हमारी हैसियत में सुधार होगा। कृपया याद रखें कि हैसियत का मतलब है उन चीज़ों को ख़रीदना जिनकी आपको ज़रूरत नहीं है, वो भी उस पैसे से जो आपके पास है नहीं और उन लोगों को प्रभावित करने के लिए जो वास्तव में आपकी परवाह नहीं करते हैं। इसलिए ऐसी अनावश्यक चीज़ें ख़रीदने से पहले दो बार सोचें जिनकी आपको आवश्यकता नहीं है।
2. कमाने से पहले कभी ख़र्च नहीं करें। पहली ग़लती है उन चीज़ों को ख़रीदना जिनकी आपको वास्तव में ज़रूरत नहीं है और दूसरी है उन्हें उधार लेकर ख़रीदना। लक्ज़री या दिखावे के लिए क्रेडिट कार्ड लोन या पर्सनल लोन लेना सबसे बड़ी ग़लती है जो आपके जीवन और करियर को ख़तरे में डाल सकती है।
3. क़र्ज़ों का सावधानीपूर्वक प्रबंधन करें। मैं यहाँ बिज़नेस लोन के बारे में बात नहीं कर रहा हूँ बल्कि मैं गाड़ी, घूमना, घर, शादी या अन्य

व्यक्तिगत क़र्ज़ों के बारे में बात कर रहा हूँ। क़र्ज़े लेते समय आकर्षक लगते हैं और ऐसा लगता है कि हम इन्हें आसानी से सँभाल लेंगे, लेकिन अगर ठीक से सँभाला नहीं जाए, तो वे आपकी स्वतंत्रता और मन की शांति छीन सकते हैं। क़र्ज़ों का अर्थ है अपनी भविष्य की कमाई का एक अहम हिस्सा आज के ख़र्च के लिए प्रतिबद्ध करना। कल अपने साथ कई और ख़र्चे लेकर आएगा जिनकी आप आज कल्पना नहीं कर सकते। इसलिए उस नए फ़ैंसी फ़ोन, छुट्टियों, गाड़ी या यहाँ तक कि घर के लिए क़र्ज़े लेने से पहले दो बार नहीं बल्कि तीन बार सोचें।

4. बचत करना ज़रूरी है। इसे अपने व्यक्तित्व का हिस्सा बना लीजिए। दुनिया के सबसे अमीर निवेशकों में से एक वॉरेन बफ़ेट ने बार-बार सलाह दी है - ख़र्च करने के बाद जो बचे उसे बचाएँ नहीं, बल्कि बचत के बाद जो बचे उसे ख़र्च करें।

5. भविष्य के लिए अपना फ़ंड बनाएँ। आप जो भी बचाएँ, उसे सोच-समझकर निवेश करें। यदि आप नहीं जानते कि कहाँ निवेश करना है और कैसे निवेश करना है, तो इसे सीखें। कोई बहाना मत बनाइए मेरे दोस्त, अगर पैसा महत्त्वपूर्ण है तो बेहतर होगा कि आप सीखें कि इसे कैसे निवेश किया जाए ताकि यह लगातार बढ़ता रहे। आपके भविष्य के फ़ंड का उपयोग कई चीज़ों के लिए किया जा सकता है - बिज़नेस, जल्दी रिटायरमेंट, काम से छुट्टी लेना या कुछ ऐसी समस्याएँ जिनका अनुमान नहीं लगाया जा सकता। पर्याप्त भविष्य के लिए पैसे बचे होने से निश्चित रूप से आपको मानसिक शांति मिलेगी।

6. पारस्परिक क़र्ज़ों को सावधानी से सँभालें। कई अच्छी दोस्ती या रिश्तों के ख़त्म होने का एक बड़ा कारण दोस्तों के बीच लिया गया क़र्ज़ है। दोस्तों और रिश्तेदारों से क़र्ज़ नहीं लें और अगर लेना ही पड़े तो वादे के मुताबिक़ समय से पहले लौटा दें। किसी मित्र को क़र्ज़ा या पैसे देने से पहले कई बार सोचें क्योंकि आप पैसा और मित्र दोनों को खो सकते हैं।

7. कभी भी ऐसी स्थिति में नहीं आने दें जब आपके पास अपनी बुनियादी ज़रूरतों जैसे किराया, खाना, बच्चों की स्कूल फ़ीस आदि को पूरा करने के लिए पैसे नहीं हों। अनिश्चित घटनाओं के लिए पैसे

बचाएँ। अपने आप से पूछें – यदि आपके वर्तमान इनकम साधन बंद हो जाएँ तो आप कितने दिनों तक इसी जीवनशैली को बरक़रार रखते हुए गुज़ारा चला सकते हैं? धीरे-धीरे 6-24 महीने की इमरजेंसी फ़ंड बनाएँ।

जब ज़्यादातर लोगों को ऐसी आर्थिक तंगी का सामना करना पड़ता है तो उनके साथ क्या होता है? लोग ग़लत निर्णय लेते हैं और ऐसे काम करते हैं जिससे उनकी पहले से ही ख़राब वित्तीय स्थिति और ख़राब हो जाती है। साथ ही ये ऐसे क्षण होते हैं जब लोग अपनी नैतिकता और मूल्यों से समझौता कर लेते हैं और ऐसे काम कर बैठते हैं जिसके लिए उन्हें बाद में पछताना पड़ता है। इसलिए अपने ख़र्चों का प्रबंधन करें, हर महीने बचत करें और उस बचत को अपने लिए भविष्य का फ़ंड बनाने में निवेश करें।

जो कोई वह चीज़ ख़रीदता है जिसकी उसे आवश्यकता नहीं है,
वह स्वयं से चोरी करता है।

– स्वीडिश कहावत

8. अपने सपने को पूरा करने के लिए किसी भी नए प्रोजेक्ट को शुरू करने से पहले उस प्रोजेक्ट को पूरा करने के लिए वित्तीय आवश्यकताओं को समझ लें। यदि आपको आवश्यकता हो तो कुछ विशेषज्ञों की मदद लें, लेकिन अपने सपने की यात्रा को सफलतापूर्वक पूरा करने के लिए आवश्यक धनराशि की स्पष्ट रूप से पहचान करें। यदि आपके पास पर्याप्त पैसा नहीं है, तो आवश्यक धन की व्यवस्था करने के साधन तलाशें ताकि आपको पैसे की कमी के कारण बीच में ही काम छोड़ना नहीं पड़े। अपने निर्णयों और कार्यों से जुड़े रिस्क की भी गणना करें। यह देखा गया है कि पर्याप्त पैसों की कमी या पैसे मैनेज ना कर पाना एक प्रमुख कारण है कि कई बिज़नेस शुरू होने के कुछ वर्षों के अंदर ही बंद हो जाते हैं।

पैसों का मूल्यांकन करते समय, कृपया याद रखें कि ख़र्चे प्लान से ज़्यादा हो जाते हैं और इनकम का फ़्लो प्लान से कम और धीमा हो जाता है। इसलिए, एक इमर्जेन्सी प्लान भी बनाएँ ताकि किसी अप्रत्याशित स्थिति में आपको अपने सपनों को छोड़ना नहीं पड़े। जब मैं आपसे एक वित्तीय प्लान बनाने के लिए कह रहा हूँ, तो मैं चाहता हूँ कि आप यह याद रखें कि रिस्क जीवन और बिज़नेस का स्वाभाविक हिस्सा हैं। रिस्क हर जगह हैं। कुछ नहीं करना भी एक रिस्क है। मैं तो बस यह चाहत्ता हूँ कि आप अपने प्रोजेक्ट में शामिल फ़ायनेंशियल रिस्क से अवगत रहें ताकि आप परिस्थितियों के आने पर उन्हें सँभालने के लिए बेहतर ढंग से तैयार रहें।

इसलिए अपने आप को अच्छी तरह से तैयार करें, ताकि आप अपने पैसे को कण्ट्रोल कर सकें, इससे पहले कि पैसा आपके जीवन को कण्ट्रोल करना शुरू कर दे।

जो व्यक्ति बहुत आगे की योजना नहीं बनाता, उसे परेशानी उसके दरवाज़े पर ही मिलेगी।

–कन्फ़्यूशियस

4. भावनात्मक लचीलापन

अपनी भावनाओं को इसकी इजाज़त नहीं दें कि वो आपको अपना काम करने से विचलित कर दें, बल्कि अपना काम करते रहें और अपनी भावनाओं को विचलित कर दें।

–दीपक बजाज

एक अच्छा जीवन और करियर निश्चित रूप से आपके निर्णयों और कार्यों का परिणाम है। ये दोनों आपके मूड/भावनाओं से नियंत्रित होते हैं। जीवन में कई बार आप कुछ ख़रीदते हैं और बाद में सोचते हैं कि आपने उस बेकार चीज़ को ख़रीदने का फ़ैसला क्यों किया था। कई बार आप कुछ कहते हैं या कुछ चीज़ें करते हैं लेकिन बाद में आपको आश्चर्य होता है कि आपने ऐसा क्यों कहा या किया। हम जीवन में कई छोटे-बड़े फ़ैसले लेते हैं

जिनके बारे में बाद में हमें आश्चर्य होता है कि आख़िर हमने ये फ़ैसले किस वजह से लिए। दरअसल वे सभी निर्णय और कार्य उस भावनात्मक स्थिति में लिए जाते हैं जो वास्तव में उस निर्णय या कार्य को करने के लिए उचित नहीं थी। मेरा दृढ़ विश्वास है कि यदि हम अपनी भावनाओं को बेहतर ढंग से मैनेज करने में सक्षम हैं तो यह आश्चर्यजनक तरीक़े से हमारे निर्णयों और कार्यों की गुणवत्ता को बढ़ाएगा और बेहतर परिणामों में तब्दील करेगा।

मैंने बहुत से ऐसे लोगों को देखा है जो जानते हैं कि क्या करना है, जिनके पास प्रतिभा, क्षमता, डिग्री और सभी संसाधन हैं, जो महसूस करते हैं कि यह करना उनके लिए महत्त्वपूर्ण है लेकिन फिर भी एक्शन लेने में सक्षम नहीं हैं। ये वे लोग हैं जिन्होंने अपनी भावनाओं को अपने कार्यों को निर्धारित करने की अनुमति दी है। जो कोई भी भावनाओं पर नियंत्रण खो देगा, वह अंत में अपने जीवन और करियर पर नियंत्रण खो देगा। भावनाएँ अच्छी या बुरी नहीं होती हैं, भावनाएँ केवल मन या हृदय की एक अवस्था होती हैं और सामाजिक इंसान के रूप में हम हर दिन अलग-अलग भावनाओं का अनुभव करने के लिए बाध्य होते हैं। कभी-कभी उदास, तनावग्रस्त या निराश महसूस करने में कुछ भी ग़लत नहीं है, लेकिन समस्या तब शुरू होती है जब हम इसे अपने निर्णयों और कामों में दख़ल देने की अनुमति देते हैं।

ख़राब परिस्थितियाँ नहीं, ख़राब परिस्थितियों के प्रति
आपकी प्रतिक्रिया यह निर्धारित करती हैं कि आपके जीवन
की कहानी कैसे विकसित होगी।

– डाइटर एफ़. उचटडोर्फ़

भावनात्मक लचीलापन सभी संकटों और ख़राब परिस्थितियों के बीच खुद को शांत बनाए रखने की आपकी क्षमता है। यह आपकी वह क्षमता है जिसकी बदौलत आप बाहरी घटनाओं, लोगों या उनकी राय को अपने निर्णयों और कार्यों पर प्रभाव नहीं डालने देते हैं। आप भावनात्मक रूप से लचीले हैं यदि आप जो भी सही है, जब भी वह सही है, करते रहने में सक्षम हैं, भले ही आप अपने अंदर और बाहर किसी भी स्थिति का सामना कर रहे हों।

भावनात्मक लचीलापन एक कौशल है जिसे विकसित किया जा सकता है। जैसे-जैसे आप अपने करियर में आगे बढ़ते हैं, आपके सभी तकनीकी और नेतृत्व कौशल के साथ-साथ भावनात्मक लचीलापन भी आपके जीवन की गुणवत्ता और आपके करियर की दिशा निर्धारित करने में भूमिका निभाएगा।

आपके भावनात्मक लचीलेपन को और सशक्त बनाने के लिए मेरी तरफ़ से कुछ आपके लिए कुछ साधन और टूल्स –

1. अपने कामों को अपने मूड, परिणाम या मोटिवेशन से अलग करने का निर्णय अभी के अभी ले लें। बहुत सारे पुरुष और महिलाएँ काम की शुरुआत के लिए सही मनोदशा या प्रेरणा की प्रतीक्षा में निष्क्रियता की स्थिति में हैं। कई अन्य लोग असफलता या अस्वीकृति के डर से ग्रस्त हैं और काम शुरू करने से पहले महीनों तक तैयारी करते रहते हैं। आप जानते हैं कि आप क्या चाहते हैं और वहाँ तक पहुँचने के लिए आपको क्या करने की ज़रूरत है, तो आप मनोदशा या मोटिवेशन को रास्ते में क्यों आने दे रहे हैं? आपकी कार्य योजना में मनोदशा या मोटिवेशन कहाँ लिखी है?

   यदि आपने उन्हें उस काग़ज़ पर कोई जगह नहीं दी जहाँ आपने अपनी योजनाएँ बनाई थीं, तो आप उन्हें अपने दिमाग़ और अपने जीवन में क्यों जगह दे रहे हैं। इन्हें बाहर फेंक दीजिए। इनकी यहाँ कोई जगह नहीं है। आप किस मूड में हैं या आप प्रेरित महसूस करते हैं या नहीं, इसके बारे में सोचे बिना एक्शन लेने का निर्णय अभी लें। परिणाम के बारे में कभी चिंता नहीं करें। यदि आप सही कामों को लगातार करने की प्रक्रिया में काफ़ी देर तक लगे रहते हैं, तो परिणाम अपने आप ठीक हो जाएँगे। काम करते रहें और आपको मिलने वाले परिणामों के आधार पर अपने कामों को एडजस्ट करते रहें।

   दो दशकों के पेशेवर करियर ने मुझे सिखाया है कि एक्शन लेने के लिए सही मूड या प्रेरणा का इंतज़ार नहीं करें, बल्कि आप काम करना शुरू करें और कुछ ही मिनटों में आपका मूड और प्रेरणा बेहतर हो जाएगी। इसे अपने लिए आज ही आज़माएँ।

2. असफलता एक फ़ीडबैक है। असफलता यह बताती है कि वर्तमान रणनीति और कार्य आपके मनचाहे परिणाम नहीं दे रहे हैं। यदि आप अलग परिणाम चाहते हैं तो एक अलग रणनीति के साथ काम करें और जो आप कर रहे हैं उसे बदलें। एक्शन और परिणाम एक पुनरावृत्तीय मिश्रण हैं। तब तक सुधारते रहें जब तक आपको वह नहीं मिल जाए जिसकी आप अपेक्षा करते हैं। कई मामलों में मुझे व्यक्तिगत रूप से अहसास हुआ है कि मैंने शुरू में जो लक्ष्य निर्धारित किए थे वे भी सही नहीं थे इसलिए मैंने उन परिणामों को फिर से परिभाषित किया जो मैं चाह रहा था। तो बस आगे बढ़ें और असफलता से मिलने वाले हर फ़ीडबैक के साथ सुधार करते रहें।

साहस का मतलब ये नहीं है कि आपमें आगे बढ़ने की
ताक़त है, साहस का मतलब है तब भी आगे बढ़ते
रहना जब आपमें ताक़त नहीं हो।

– नेपोलियन बोनापार्ट

3. हमेशा याद रखें कि तनाव, दबाव, अस्वीकृति, असफलताओं या बड़े लक्ष्यों को सँभालने की आपकी क्षमता बाइसेप्स मांसपेशियों की तरह है और आपको इसे ठीक उसी तरह विकसित करने की आवश्यकता है जैसे आप बाइसेप्स या किसी अन्य मांसपेशियों को विकसित करते हैं। आप अपने बाइसेप्स कैसे बनाते हैं? – आप अपनी वर्तमान क्षमता से अधिक वज़न उठाते हैं और आप इसे बार-बार करते हैं। जैसे-जैसे आप अधिक से अधिक वज़न उठाना जारी रखते हैं, आपकी मांसपेशियाँ बनने लगती हैं। इसे प्रतिरोध प्रशिक्षण भी कहा जाता है। आप मांसपेशियों के निर्माण की प्रक्रिया में सहायता के लिए अच्छी डाइट को भी अपनाते हैं।

उसी तरह, जब आप वर्तमान में जिन चीज़ों को सँभालने के आदी हैं, उससे अधिक तनाव, दबाव या बड़े लक्ष्य लेते हैं तो आप अपनी भावनात्मक मांसपेशियों का निर्माण करते हैं। जैसे-जैसे आप ऐसा करेंगे, धीरे-धीरे आपकी अधिक तनाव झेलने की क्षमता भी बढ़ती जाएगी। आप नए ज्ञान, ट्रेनिंग, कोचिंग और अपने इनर सर्कल

को लगातार बेहतर बनाकर इस भावनात्मक मांसपेशी निर्माण प्रक्रिया में सहायता करते हैं। जैसे–जैसे आप यह प्रक्रिया जारी रखेंगे, आपके भावनात्मक लचीलापन का विस्तार होता रहेगा। लेकिन यह आपकी मांसपेशियों के निर्माण जितना ही सरल और कठिन है। हर कोई जानता है कि इसे कैसे करना है लेकिन वास्तव में बहुत कम लोग ही ऐसा करते हैं। यही कारण है कि आप केवल कुछ ही लोगों के बेजोड़ बाइसेप्स और मज़बूत भावनात्मक लचीलापन पाते हैं।

4. कठिनाइयाँ एक रिमाइंडर हैं कि आपको कुछ नया सीखने की ज़रूरत है। यदि आपको कोई काम कठिन लगता है, तो यह उस विशेष काम या लक्ष्य के कारण नहीं है, यह सिर्फ़ इसलिए है क्योंकि अभी आप नहीं जानते कि इसे कैसे करना है। जिस क्षण आप सीख जाएँगे कि इसे कैसे करना है, यह भी उन सभी चीज़ों की तरह आसान हो जाएगा जो आप वर्तमान में आसानी से कर लेते हैं। किसी समय आपके लिए ए, बी, सी, डी लिखना कठिन था, बोलना आपके लिए कठिन था, साइकिल चलाना या गाड़ी चलाना भी कठिन था, यहाँ तक कि इस तरह की किताब जो आपके हाथ में है उसे पढ़ना भी आपके लिए कठिन था। आज आप जो कुछ भी इतनी सहजता से कर रहे हैं वह एक समय कठिन था, लेकिन आपने इसे सीख लिया। आज जो भी कठिन लगता है, अगर आप उसे करते रहेंगे तो एक दिन आप उसमें महारत हासिल कर लेंगे और यह आपको आसान लगने लगेगा।

मेरे तीनों बच्चे शानदार बास्केटबॉल खिलाड़ी हैं। गेंद तो बस उनके हाथों में नाचती रहती है। ऐसा प्रतीत होता है कि वे सहजता से कोर्ट के चारों ओर घूमते हैं और एक के बाद एक अंक हासिल करते जाते हैं। लेकिन मैं गेंद को कुछ सेकेंड के लिए भी ड्रिबल नहीं कर सकता। तो बताइए बास्केटबॉल खेलना आसान है या कठिन? यह मेरे बच्चों के लिए आसान है लेकिन मेरे लिए कठिन है। वहीं, आप मुझे 10,000 लोगों वाले स्टेडियम में स्टेज दे दीजिए और मैं उन्हें कई घंटों तक मंत्रमुग्ध करके रखूँगा। अपनी ट्रेन द ट्रेनर या एडवांस्ड लीडरशिप वर्कशॉप के दौरान, मैं लोगों को लगातार 5 या 7 दिनों तक ट्रेनिंग देता हूँ। लेकिन मेरे बच्चों को अपनी रोज़ होने वाली स्कूल असेंबली के दौरान अपनी कक्षा के सामने 3 मिनट तक

बोलने में कठिनाई होती है। लोगों के सामने प्रभावी ढंग से बोलना आसान है या मुश्किल? यह मेरे लिए आसान है लेकिन मेरे बच्चों के लिए कठिन है। इसलिए हमेशा याद रखें कि कुछ भी हमेशा के लिए आसान या कठिन नहीं होता है, हम किसी चीज़ को उसके प्रति अपने दृष्टिकोण से आसान या कठिन बनाते हैं। यदि आप वास्तव में कुछ करना चाहते हैं और इसे सीखने और लंबे समय तक इसका अभ्यास करने के लिए प्रतिबद्ध हैं, तो आपके लिए सब कुछ आसान हो जाएगा। बस आगे बढ़ते जाओ।

जब हम कठिनाइयों के बिना जीवन की इच्छा रखते हैं,
तो हमें याद दिलाएँ कि ओक के पेड़ विपरीत हवाओं में मज़बूत
होते हैं और हीरे दबाव में बनते हैं।

–पीटर मार्शल

5. जब भी आप खुद को किसी बात को लेकर चिंचित पाएँ, तो खुद से यह सवाल पूछें – क्या यह मेरे कंट्रोल में है? बस अपने आप से पूछें कि मैं इस समय जिस बात को लेकर चिंतित हूँ, क्या वह मेरे नियंत्रण में है या नहीं। यदि आप किसी ऐसी चीज़ के बारे में चिंता कर रहे हैं जो आपके नियंत्रण में नहीं है, तो चिंता करने का क्या मतलब है और यदि आप किसी ऐसी चीज़ के बारे में चिंता कर रहे हैं जिसके बारे में आप कुछ कर सकते हैं, तो आप खड़े होने और एक्शन लेने के बजाय चिंता करने में समय क्यों बर्बाद कर रहे हैं।

   ग़लतियाँ करें, निर्णय लें, अपना सर्वश्रेष्ठ करें और जब चीज़ें आपके इच्छानुसार तरीक़े से काम नहीं करें, तो सबक़ सीखें और अपने आप से पूछें – इस स्थिति में मैं अभी सबसे अच्छी चीज़ क्या कर सकता हूँ और वह करें।

6. ईबीसी वायरस से बचें. इस एक वायरस ने दुनिया में किसी भी अन्य चीज़ से ज़्यादा सपनों को ख़त्म कर दिया है। मैं चाहता हूँ कि आप इसके प्रति जागरूक रहें और हर क़ीमत पर इससे बचें।

   ईबीसी = बहाने, दोष और शिकायतें।

   EBC = Excuses, Blames Complaints.

जब आप बहाने बना रहे हैं, किसी को दोष दे रहे हैं या शिकायत कर रहे हैं, तो वास्तव में आप जो कर रहे हैं वह अपनी वर्तमान स्थिति के लिए अपनी ज़िम्मेदारी से बच रहे हैं। जब आप किसी चीज़ के लिए ज़िम्मेदार नहीं हैं, तो आप उसे कैसे ठीक कर सकते हैं? आप जीवन भर शिकायत करना और दोष देना जारी रख सकते हैं और इससे कुछ भी नहीं बदलेगा, लेकिन अगर आपने जो कुछ भी पाया है और जो कुछ भी किया है उसकी ज़िम्मेदारी लेते हैं, तो आप फिर से शुरू कर सकते हैं।

साथ ही मैंने व्यक्तिगत रूप से देखा है कि शिकायत करना और दोष देना आपकी मानसिकता, भावनाओं और शरीर पर नकारात्मक प्रभाव डालता है। यह पीड़ित मानसिकता को जन्म देता है और आपको दुख, उदासी और असफलता के नकारात्मक चक्र में डाल देता है। ईबीसी से दूर रहें और सभी को भी इस बीमारी से दूर रहने की सलाह दें। यदि आप अपने भावनात्मक लचीलापन को और मज़बूत बनाने के बारे में अधिक जानकारी चाहते हैं, तो आप कई वीडियो और अन्य निःशुल्क संसाधनों के लिए मेरे यूट्यूब चैनल और इंस्टाग्राम अकाउंट पर जा सकते हैं। 150 से ज़्यादा देशों के 24 लाख से ज़्यादा लोग अब तक हमारे सोशल मीडिया परिवार का हिस्सा बन चुके हैं।

7. योजनाओं के असफल होने की आशा करें। योजनाएँ इसलिए बनाई जाती हैं ताकि संसाधनों को व्यवस्थित करके और ज़िम्मेदारियाँ सौंप कर, काम की शुरुआत हो सके। जब आप एक्शन लेना शुरू करते हैं, तो आपको स्थिति अलग तरह से देखने को मिलती है और तभी आपको आगे बढ़ने का बेहतर तरीक़ा पता चलेगा। इसलिए योजना बनाने के बाद लचीले रहें। जब आप कार्य शुरू करते हैं और आपको मनचाहे परिणाम नहीं मिलते हैं, तो यह छोड़ने का समय नहीं है, आप जो कर रहे हैं उसे बदलने का समय है।

हमेशा याद रखें कि आपके लक्ष्य को प्राप्त करने के कई तरीक़े हो सकते हैं। अपने लक्ष्य के प्रति दृढ़ रहें लेकिन अपने रास्ते और तरीक़े के प्रति लचीले रहें। सर्वोत्तम विकल्प खोजें और आगे बढ़ते रहें। आपके मोबाइल फ़ोन में मौजूद गूगल मैप या जीपीएस एप्स भी

इसी तरह काम करते हैं। जब भी इसे कोई बेहतर मार्ग मिलता है तो यह आपको अलर्ट देता है – तेज़ मार्ग उपलब्ध है जो 5 मिनट बचा सकता है और यह आपको चुनने के लिए कहता है। ऐसी स्थिति में आप क्या करते हैं? आप नए रास्ते का मूल्यांकन करते हैं और अपनी मंज़िल के लिए सर्वोत्तम रास्ता चुनते हैं। आपकी रोज़मर्रा की ज़िंदगी के लिए भी यही तरीक़ा है। अपने लक्ष्यों की ओर काम करते समय अपनी आंखें और कान खुले रखें और जब भी आपको कोई बेहतर रास्ता मिले, तो उसे चुनें।

जब भी आपको लगे कि योजना काम नहीं कर रही है, तो एक बड़ी से मुस्कान दें, अपनी पीठ थपथपाएँ और खुद से कहें – अब काम करने का समय आ गया है। जब चीज़ें सही चल रही होती हैं तो कोई भी व्यक्ति नेतृत्व कर सकता है और उसका श्रेय ले सकता है, वास्तविक साहस और नेतृत्व का पता तो तब चलता है जब चीज़ें सही नहीं चल रही होती। बाउंस बैक के मास्टर बनें।

मुझे मेरी सफलता से मत आँकिए, मुझे इस बात से आँकिए कि मैं कितनी बार गिरा और फिर उठ खड़ा हुआ।

– नेल्सन मंडेला

आपको विभिन्न परिस्थितियों को सँभालने में सशक्त बनाने के लिए इस पुस्तक में बहुत सारी जानकारी और टूल्स दिए गए हैं। इस पुस्तक में दी गई हर चीज़ और अन्य स्रोतों से मिलने वाले टूल को आज़माएँ। ज़रूरी चीज़ विभिन्न टूल्स और विचारों के साथ काम करना है ताकि यह पता लगाया जा सके कि आपके लिए सबसे अच्छा क्या काम करता है। यदि आपके पास भी कुछ अन्य उपयोगी जानकारी और विचार हों, तो मेरे सोशल मीडिया एकाउंट्स या वेबसाइट के माध्यम से मुझे ज़रूर बताएँ और हम उसे इस पुस्तक के भविष्य के संस्करणों में या मेरे वीडियो या कुछ अन्य भविष्य की परियोजनाओं में शामिल करेंगे। आपके इनपुट अमूल्य हैं। मैं वास्तव में उनकी क़द्र करता हूँ।

अपने लक्ष्यों को प्राप्त करने के लिए तैयारी ही आपका सबसे बड़ा दाँव है। जब आप बेहतर तरीक़े से तैयार होंगे तो ना केवल आपको अपने वर्तमान काम में अच्छे परिणाम मिलेंगे बल्कि भविष्य में भी आपको बेहतरीन अवसर मिलेंगे। तैयारी एक कभी नहीं ख़तम होने वाली प्रक्रिया है। जैसे-जैसे आप नए बड़े लक्ष्य निर्धारित करते हैं, आपको नई और बड़ी तैयारी की आवश्यकता होगी। लक्ष्य निर्धारित करने, उनके लिए तैयारी करने, एक्शन लेने और उन्हें हासिल करने का हर चक्र आपको एक बड़ा और बेहतर इंसान बनाएगा जो नए उच्च लक्ष्यों के साथ चक्र को फिर से शुरू करेगा और उस के लिए और बड़ी तैयारी करेगा।

लक्ष्य निर्धारित करना मुख्य बात नहीं है. मुख्य बात यह तय करना है कि आप इसे कैसे हासिल करेंगे और उस योजना के साथ कैसे बने रहेंगे।

– टॉम लैंड्री

चेतावनी – हालाँकि मैंने सफलता के लिए एक आवश्यक तत्व के रूप में तैयारी पर बहुत ज़ोर दिया है, लेकिन मैं आपको एक्शन लेने में देरी करने के लिए तैयारी को बहाने के रूप में उपयोग करने के ख़िलाफ़ चेतावनी देना चाहता हूँ। एक पल आता है जब आपको तैयारी से मैदान में कूदने की आवश्यकता होती है और उस पल के बारे में जागरूक होना और उस पल पर पहुँचने के बाद एक्शन में कूदना वास्तव में महत्वपूर्ण है। भले ही आपको लगे कि आप पूरी तरह से तैयार नहीं हैं, लेकिन यक़ीन मानिए कई बार आपको तैयार होने से पहले ही खेल शुरू करना पड़ता है।

सही तैयारी निश्चित रूप से आपकी सफलता की संभावनाओं को बढ़ाती है और आपको कई ग़लतियों से बचा सकती है जिसके कारण आपका काफ़ी समय या पैसा बर्बाद हो सकता था। तैयारी नितांत आवश्यक है, लेकिन हमेशा याद रखें कि तैयारी वास्तविक कार्य नहीं है। तैयारी तभी अद्भुत होती है जब उसके बाद समय पर, बड़े पैमाने पर, दृढ़ संकल्प के साथ एक्शन लिया जाए। चूँकि तैयारी अपने आप को उपलब्ध समय के अनुसार फैलती जाती है, इसलिए हमेशा यह सलाह दी जाती है कि लॉन्च

के लिए एक समय सीमा पहले से तय करके रखें और पूर्वनिर्धारित समय पर एक्शन शुरू कर दें।

वह दिन और समय तय करें जब आप कार्रवाई शुरू करेंगे और फिर उपलब्ध समय के भीतर तैयारी पूरी करने के लिए खुद को मजबूर करें। जितनी संभव हो सके उतनी तैयारी के साथ शुरुआत करें और बाक़ी तैयारी भी साथ-साथ जारी रखें। वैसे भी तैयारी एक कभी नहीं ख़त्म होने वाली प्रक्रिया है और आप जीवन भर सीखते, करते और बढ़ते रहेंगे।

तैयार होने से पहले शुरू करें। अच्छी चीज़ें तब होती हैं जब हम तैयार होने से पहले शुरुआत करते हैं।

– स्टीवन प्रेसफ़ील्ड

जैसे ही आप तैयारी और काम को एक साथ करते हुए अपने सपने की ओर इस ख़ूबसूरत यात्रा की शुरुआत करते हैं, आपको काम करने के दो ज़ोन के बारे में पता होना चाहिए जैसा कि नीचे दिए गए चित्र में दिखाया गया है।

तैयारी ज़ोन वह समय है जब आप एक छात्र बन जाते हैं और आप नई चीज़ें सीखने के प्रति जुनूनी हो जाते हैं जैसे कि आप अपने काम के बारे में कुछ भी नहीं जानते हैं। प्रदर्शन ज़ोन वह समय है जब आप अपने काम पर होते हैं और उस समय आप इस गहरे विश्वास के साथ अपना सर्वश्रेष्ठ प्रदर्शन करते हैं कि इस काम को आपसे बेहतर कोई नहीं कर सकता है। आपको लगता है कि आप काम के लिए अच्छी तरह से तैयार हैं और आज आप ऐसे खेलेंगे जैसे आप इस विशेष काम को करने के लिए इस धरती पर सबसे अच्छे व्यक्ति हैं। आपको हर समय अपने ज़ोन का अहसास होना चाहिए और फिर आप जिस ज़ोन में हों, उसके अनुसार ही काम करना चाहिए।

जब आप तैयारी कर रहे हों, तो अपने पिछले ज्ञान और उपलब्धियों को सीखने के रास्ते में नहीं आने दें। मैंने अपनी वर्कशॉप्स में हज़ारों ऐसे कमाल के लोगों को देखा है जो वर्कशॉप से पूरी तरह से ट्रांसफ़ॉर्म होने में असफल रहते हैं क्योंकि वे अपनी पिछली उपलब्धियों को भूल नहीं पाते हैं। वहीं दूसरी और कुछ और लोग हैं जो अपनी मीटिंग्स/काम के लिए जाते हैं लेकिन जब वे अपना सबसे महत्त्वपूर्ण काम कर रहे होते हैं, तो वे लगातार सोचते रहते हैं कि मीटिंग में आने से पहले वे और कितना कुछ सीख सकते थे या वे उस ब्रोशर या वीडियो को ले जा सकते थे और क्या नहीं। वे मीटिंग तो कर रहे हैं लेकिन उनके मन में तैयारी की कमी को लेकर लगातार चिंता बनी रहती है। ऐसे लोगों को मीटिंग से कभी भी अच्छे परिणाम और संतुष्टि नहीं मिल पाती है। मुख्य बात यह है कि आप जहाँ भी हों वहीं रहें और अपने ज़ोन के अनुसार काम करें।

यदि आप सेल्स के पेशे में हैं, तो मीटिंग से पहले जितनी चाहें उतनी तैयारी करें, लेकिन एक बार जब आप क्लाइंट के साथ मीटिंग में हों, तो ऐसे काम करें जैसे कि आप इस क्षेत्र के सर्वश्रेष्ठ व्यक्ति हैं। अपने भाषण के लिए मंच पर जाने से पहले, आप अपने नोट्स को दोबारा पढ़ सकते हैं और जितना चाहें उतना रिहर्सल कर सकते हैं, लेकिन जैसे ही आप मंच पर चढ़ते हैं, तुरंत तैयारी ज़ोन से प्रदर्शन ज़ोन में स्विच करें और मंच का मालिक बनें जैसे कि आप मंच पर ही पैदा हुए थे और आपका इन दर्शकों पर इतना ज़बरदस्त प्रभाव पड़ेगा कि वे इसे कभी नहीं भूलेंगे।

यदि आप कोई खेल खेलते हैं, तो मैदान पर क़दम रखने से पहले अपनी सभी चालों का जितना चाहें उतना अभ्यास करें, लेकिन एक बार

जब आप ज़मीन पर उतर जाएँ तो ऐसा विश्वास रखें, बात करें, चलें और प्रदर्शन करें जैसे कि आप इस खेल के गोट हैं। गोट = सभी समयों में महानतम (GOAT = Greatest Of All Times) यदि आप अपनी स्थिति के अनुसार तैयारी ज़ोन से प्रदर्शन ज़ोन में जल्दी मानसिक परिवर्तन में महारत हासिल कर सकते हैं, तो आप वास्तव में अपने क्षेत्र में सर्वश्रेष्ठ बनने की राह पर होंगे।

आपको चट्टानों से कूदना होगा और नीचे जाते समय
अपने पंख बनाने होंगे।

– रे ब्रैडबरी

अब आप सपनों, विश्वास और तैयारी के बारे में गहराई से जानते हैं। अब समय आ गया है कि बड़े पैमाने पर एक्शन लिया जाए और अपने सपनों को हक़ीक़त में बदला जाए।

अध्याय 3 की अविस्मरणीय सीख

- आप जो चाहें हासिल कर सकते हैं, बशर्ते आप उसके लिए क़ीमत चुकाने को तैयार हों और क़ीमत है तैयारी।
- जैसे-जैसे आप अपनी तैयारी का स्तर बढ़ाएँगे, आपका आत्मविश्वास बढ़ेगा और आपके डर/संदेह कम होते जाएँगे।
- एल ई ए पी (LEAP) फ़ॉर्मूला चार प्रमुख गतिविधियों की याद दिलाता है जिन्हें आपको अपने सपने की प्राप्ति के दौरान जारी रखना चाहिए। एल ई ए पी (LEAP) = सीखें, संलग्न रहें, सुधार करें और क़ायम रहें।
- आप किसी ताले के अंदर लगातार ग़लत चाबी डालकर उसे नहीं खोल सकते/ग़लतियों से सीखे बिना और स्मार्ट समाधान ढूँढ़े बिना, बस लगे रहना दृढ़ता नहीं, मूर्खता है।
- प्रभावी तैयारी के 5 क्षेत्र - क्षमताएँ, सिस्टम, टीम, धन और भावनाएँ।
- स्पष्ट रूप से पहचानें कि जिन नए परिणामों का आप सपना देखते हैं उन्हें प्राप्त करने के लिए आपको कैसा इंसान बनना होगा। कल्पना करें कि वह कौन सा व्यक्ति है जिसे वो परिणाम मिलते हैं जैसे आप चाहते हैं और बस वैसा व्यक्ति बनने के लिए काम शुरू करें।
- आपकी उपलब्धियों का आकार आपकी टीम की ताक़त से सीधे आनुपातिक है।
- टीम विकास के लिए आइडिया फ़ॉर्मूला = पहचानें, विकास करें, वातावरण और जवाबदेही।
- स्केल, ठहराव और स्थिरता सिर्फ़ सही सिस्टम से आ सकते हैं। सिस्टम को सरलता और दोहराव से स्थापित किया जा सकता है।
- अभी के अभी, अपने कार्यों को अपने मूड, परिणामों और मोटिवेशन से अलग करने का निर्णय लें।
- हर क़ीमत पर ईबीसी वायरस से बचें = बहाने, दोष और शिकायतें।
- संचालन के दो क्षेत्र हमेशा याद रखें - तैयारी ज़ोन और प्रदर्शन ज़ोन। अपने वर्तमान ज़ोन के प्रति सचेत रहें और उसके अनुसार कार्य करें।

इस अध्याय से मिलने वाले परिणामों को कई गुना बढ़ाने के लिए अभ्यास

1. अपना एमएचएस विश्लेषण आज ही इस अध्याय में दिए गए प्रारूप के अनुसार करें।
2. एल ई ए पी (LEAP) के सभी 4 प्रमुख पहलुओं पर अपना मूल्यांकन करें – सीखें, संलग्न रहें, सुधार करें और क़ायम रहें। इनमें से प्रत्येक पैरामीटर पर अपने आप को 0 से 10 के पैमाने पर एक अंक दें, जिसमें 0 सबसे कम और 10 उच्चतम हो। हर महीने आपको अपना एल ई ए पी (LEAP) विश्लेषण करना चाहिए।
3. प्रभावी तैयारी के 5 क्षेत्रों पर अपना मूल्यांकन करें – क्षमताएँ, सिस्टम, टीम, धन और भावनाएँ। उस क्षेत्र की पहचान करें जो आपके लिए सबसे कमज़ोर है और उस क्षेत्र में खुद को बेहतर बनाने की योजना बनाएँ।
4. आज ही अपनी वर्तमान टीम की ताक़त का मूल्यांकन करें. अपने सपने को पूरा करने के लिए आपको जिस टीम की आवश्यकता है उसे पहचानें और फिर उसकी तुलना उस टीम से करें जो आपके पास है। कमियों को पहचानें और अपनी सपनों की टीम बनाने के लिए एक कार्य योजना बनाएँ।
5. अपने कार्यस्थल पर वातावरण और सिस्टम को स्कैन करें और कमियों को स्पष्ट रूप से पहचानें। उच्च प्रदर्शन सिस्टम और वातावरण बनाने के लिए एक कार्य योजना बनाएँ।

यहां स्कैन करें और सीधे मेरी वेबसाइट पर जाएं

www.deepakbajaj.biz

इन अभ्यासों को पूरा करने के लिए विस्तृत फ़ॉर्म सपनों से हक़ीक़त 5 क़दमों में जर्नल और वर्कबुक में उपलब्ध हैं।

आप इसे मेरी वेबसाइट www.depakbajaj.biz से प्राप्त कर सकते हैं या साइड में दिए क्यूआर (QR) कोड को स्कैन करके।

4

बड़े पैमाने पर काम करना

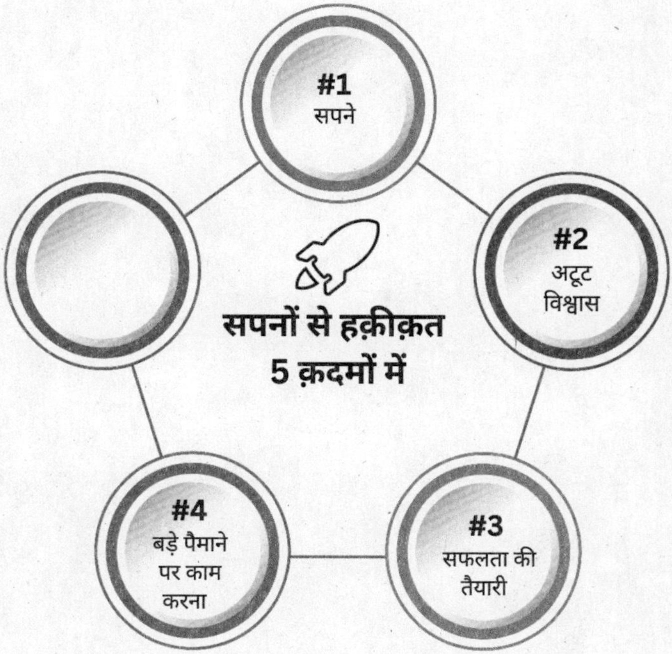

सपने तब तक बेकार हैं जब तक कि वे दैनिक एक्शन्स द्वारा समर्थित नहीं हों और काम आपको कभी भी परिणाम और आनंद नहीं देंगे यदि वे आपके सपनों के साथ सरेखित नहीं हैं।

– दीपक बजाज

मैं अपने परिवार में इस प्रमुख जीवन सूत्र को सुनते हुए बड़ा हुआ हूँ कि एक छोटा सा कार्य 1000 नेक इरादों से बेहतर है। अगर हम उन पर कार्रवाई नहीं करेंगे तो अच्छे से अच्छे इरादे और सबसे अच्छी योजनाएँ धूल फाँकती रहेंगी। आपको कई ऐसे पुरुष और महिलाएँ मिलेंगी जो सपनों, जीवन, व्यवसाय, धन और पृथ्वी पर हर विषय के बारे में अंतहीन बात कर सकते हैं लेकिन उनका जीवन कभी नहीं बदलता क्योंकि वे कभी कुछ करते नहीं हैं। जिम रौन ने इसे ख़ूबसूरती से व्यक्त किया जब उन्होंने कहा - *आप जहाँ हैं अगर वह आपको पसंद नहीं है, तो चलें और आगे बढ़ें। आप कोई पेड़ तो नहीं हैं।* एक्शन आपकी वर्तमान स्थिति और आपके सपनों की मंज़िल के बीच का पुल है।

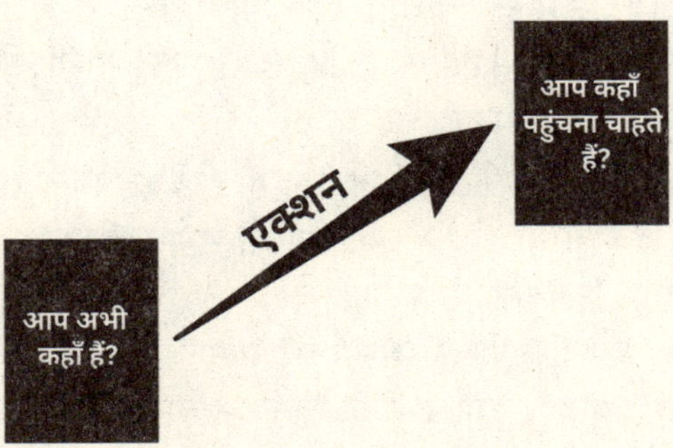

आप अपने सपने जानते हैं। आपको पूरा विश्वास है कि आप अपने सपनों को हासिल कर लेंगे। आपने तैयारी कर ली है। अब एक भी मिनट बर्बाद किए बिना एक्शन पर उतर जाएँ। लोग अपना सपना तय करने के बाद एक्शन क्यों नहीं ले पाते? एक प्रमुख कारण यह है कि लोग लंबे समय की योजना बनाने और अपने 2–5 साल के लक्ष्य निर्धारित करने में बहुत अच्छे होते हैं लेकिन वे अगले दिन कौन-कौन से ज़रूरी काम करेंगे इसे अपनी इच्छाशक्ति और विवेक पर छोड़ देते हैं। अपने लक्ष्य को प्राप्त करने के लिए हर दिन क्या करने की आवश्यकता है, लोग इसका सटीक विवरण तय नहीं करते और लक्ष्य निर्धारण प्रक्रिया को पूरा नहीं करते हैं।

सपने तब तक काम नहीं करते जब तक आप नहीं करते।

– जॉन सी. मैक्सवेल

लक्ष्य निर्धारण पर अधिकांश ट्रेनिंग को लोगों से यह लिखवाकर ही पूरा माना लिया जाता है कि वे जीवन में क्या हासिल करना चाहते हैं। लोग कार, घर, बैंक बैलेंस, विदेश यात्राएँ, पारिवारिक छुट्टियाँ, पहचान, दुनिया पर प्रभाव, समाज सेवा आदि लिखते हैं और अपनी लक्ष्य निर्धारण प्रक्रिया को पूरा मान लेते हैं। आपने भी कई ट्रेनिंग प्रोग्रामों में भाग लिया होगा और अपने सपनों को लिखा होगा जैसे मैंने आपसे इस किताब के अध्याय 1 में लिखने के लिए कहा था। फिर प्रशिक्षक कुछ विचार समझाते हैं जैसे - स्मार्ट लक्ष्य (SMART- विशिष्ट, मापने योग्य, कार्य-उन्मुख, यथार्थवादी और समयबद्ध), अपने सपनों को चित्रित करें, अपने सपनों की कल्पना करें और अपने सपनों को साकार करें आदि।

ये सभी अवधारणाएँ अच्छी हैं। मैंने भी इन्हें कई सालों तक आज़माया था। लेकिन सच तो यह है कि अगर अपनी सपनों की गाड़ी पाने के लिए कार की तसवीरें चिपकाना और गाड़ी की टेस्ट राइड लेना ही काफ़ी होता, तो अब तक हर व्यक्ति अपनी सपनों की कार चला रहा होता। सपनों को लिखना अच्छी बात है और इन्हें लिखना इस बात का प्रमाण है कि आप जीवन में आगे बढ़ना चाहते हैं लेकिन इन्हें लिखना केवल इरादे का बयान या अधिक से अधिक एक इच्छा सूची है। लक्ष्य लिखना और अपने चारों

ओर अपने लक्ष्यों की तसवीरें चिपकाना आपके सपनों को हक़ीक़त में बदलने का पहला क़दम है, लेकिन आपको अन्य 4 क़दम भी उठाने होंगे। यदि आप गंभीरता से अपने लक्ष्यों को प्राप्त करना चाहते हैं, तो कृपया दो अलग-अलग प्रकार के लक्ष्यों के बीच अंतर को समझें।

दो प्रकार के लक्ष्य

आपकी कार, घर, रैंक, बैंक बैलेंस आदि सभी परिणाम आधारित लक्ष्य हैं लेकिन आप अपने परिणाम-आधारित लक्ष्य तब तक हासिल नहीं कर सकते जब तक आप अपने प्रक्रिया-आधारित लक्ष्य भी निर्धारित नहीं करते। प्रक्रिया आधारित लक्ष्य वो दैनिक कार्य हैं जिन्हें आपको अपने परिणाम-आधारित लक्ष्यों को प्राप्त करने के लिए करने की आवश्यकता होती है। यह बहुत अच्छी बात है कि आप स्पष्टता के साथ यह जानते है कि आप कौन सी कार चलाना चाहते हैं, लेकिन साथ ही, आपको यह भी स्पष्ट होना चाहिए कि उस कार को हासिल करने के लिए आपको हर दिन क्या-क्या क़दम उठाने होंगे। वे कार्य आपके प्रक्रिया-आधारित लक्ष्य बन जाते हैं। इसलिए, अपने दैनिक और साप्ताहिक कार्यों को स्पष्ट रूप से निर्धारित करना आपके सपनों की प्राप्ति की तैयारी में सबसे महत्त्वपूर्ण क़दम है।

एक वास्तविक निर्णय इस तथ्य से मापा जाता है कि आपने एक नया क़दम उठाया है। यदि कोई कार्रवाई नहीं होती है, तो आपने वास्तव में निर्णय नहीं लिया है।

– टोनी रॉबिंस

आइए मैं इस पहलू को गहराई से समझने में आपकी मदद करता हूँ इस उदाहरण के साथ कि जीपीएस/गूगल मैप्स ऐप हमारे फ़ोन में कैसे काम करता है। उदाहरण के लिए, आप दिल्ली (भारत) में हैं और आप नजदीकी शहर जयपुर जाना चाहते हैं। जीपीएस एप आपसे दो चीज़ें पूछकर शुरू होता है – आपका वर्तमान स्थान और जहाँ आप पहुँचना चाहते हैं वो वाला स्थान। इस उदाहरण में, आपका वर्तमान स्थान दिल्ली है और आपकी मंज़िल जयपुर है। जैसे ही आप अपने मोबाइल में जीपीएस एप में जयपुर डालेंगे, जीपीएस तुरंत आपको जयपुर पहुँचने की दूरी और समय बता देगा। 300 किलोमीटर और 5 घंटे। इस समय, आप अपने मोबाइल एप स्क्रीन पर तीन चीज़ें देख रहे हैं – जयपुर, 300 किलोमीटर और 5 घंटे। यदि आप जीपीएस द्वारा पेश किए गए इस मार्ग पर 300 किलोमीटर की यात्रा करके 5 घंटे में जयपुर पहुँचने की योजना से सहमत हैं, तो आप चालू करें (START) का बटन दबा सकते हैं।

अब जैसे ही आप चालू करें (START) का बटन दबाते हैं, कुछ दिलचस्प घटित होता है। तुरंत जयपुर, 300 किलोमीटर और 5 घंटे ग़ायब हो जाएँगे और आपका जीपीएस एप आपको अगले कुछ मीटर और अगला मोड़ दिखाना शुरू कर देगा। उदाहरण के लिए, यह आपको अगले 500 मीटर तक जाने और बाईं ओर मुड़ने के लिए कह सकता है। उस मोड़ के बाद, यह आपको 1 किलोमीटर तक जाने और दाएँ मुड़ने के लिए कह सकता है। जैसे-जैसे आप आगे बढ़ते रहेंगे, जीपीएस आपको केवल अगले कुछ मीटर या किलोमीटर के बारे में ही बताएगा और आपको वहीं तक पहुँचना है। आपके सपनों कि मंज़िल अभी भी जयपुर है लेकिन आपका सारा ध्यान और ऊर्जा अगले कुछ मीटरों को प्रभावी ढंग से पूरा करने पर केंद्रित है।

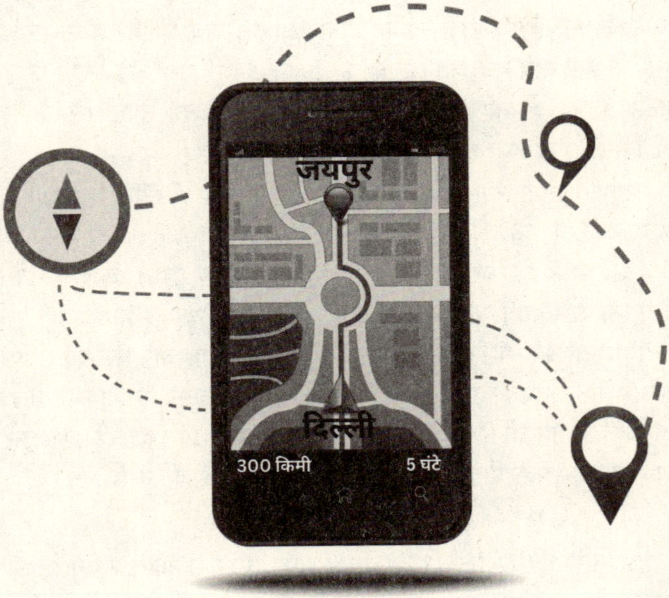

सपनों को पूरा करने के लिए कई तरीक़ों का प्रयोग करने के बाद, मुझे अहसास हुआ कि जब हम अपने किसी भी सपने को पूरा करने के लिए काम करते हैं, तो जीपीएस वाला यह तरीक़ा सबसे अच्छा काम करता है। अपना सपना तय करें, एक दैनिक कार्य योजना बनाएँ और फिर अपने सपने को भूल जाएँ और अपने सभी प्रयासों को प्रभावी ढंग से अगला क़दम उठाने पर केंद्रित करें। जैसे ही आप एक क़दम पूरा करने वाले होंगे, आपको अगला क़दम दिखाई देगा और एक के बाद एक क़दम प्रभावी ढंग से पूरा करके आप निस्संदेह अपना सपना पूरा कर लेंगे।

आइए मैं आपको, आपके ख़ास सपने को पूरा करने के लिए सही दैनिक कार्यों की पहचान करने की एक सरल लेकिन बहुत प्रभावी प्रक्रिया बताता हूँ।

जैसे ही आप किसी सपने के प्रति प्रतिबद्ध हो जाएँ, तुरंत उन कार्यों की एक लिस्ट बना लें जो आपको अपने सपने को हासिल करने के लिए

हर दिन करने की ज़रूरत है। आप जितनी चाहें उतनी बड़ी लिस्ट बनाएँ और उस बड़े सपने को हासिल करने के लिए हर छोटे या बड़े कार्य को लिखें जो आपको लगता है कि रोज़ किया जाना चाहिए। जब आप यह लिस्ट बना रहे हों तो इस बात का ध्यान रखें कि केवल उन्हीं कार्यों को लिखें जो पूरी तरह से आपके नियंत्रण में हों। केवल उन्हीं कार्यों को लिखें जिनके लिए आप किसी अन्य व्यक्ति या स्थिति पर निर्भर नहीं हैं।

आप जितनी चाहें अतने एक्शन लिख सकते हैं लेकिन कृपया याद रखें कि जब आपके इच्छित विशिष्ट परिणाम देने की बात आती है तो सभी एक्शन समान रूप से महत्त्वपूर्ण नहीं होते हैं और उन सभी एक्शन्स को हर दिन करना संभव भी नहीं है। इसलिए, मुख्य बात यह है कि अपनी सूची को सावधानीपूर्वक स्कैन करें और उन 3 कार्यों की पहचान करें जो आपको लगता है कि आपको सर्वोत्तम परिणाम देंगे और किसी भी अन्य चीज़ से पहले हर दिन उन तीन कार्यों को पूरा करने के लिए प्रतिबद्ध रहें। हम इन 3 एक्शन्स को आपके पीडीए – प्राथमिक दैनिक कार्य कहते हैं।

(PDA = Primary Daily Actions)

अपने 3 पीडीए लिखने के बाद, अपने आप से यह प्रश्न पूछें, अगर मैं अगले कुछ महीनों/वर्षों तक हर दिन ये 3 पीडीए करूँगा, तो क्या मैं अपने जीवन का सबसे महत्त्वपूर्ण सपना हासिल कर पाऊँगा? यदि इस प्रश्न का आपका उत्तर बिलकुल हाँ है, तो कृपया अपने सपने को भूल जाएँ और हर दिन अपना पीडीए करना शुरू करें। यदि आपका उत्तर नहीं या संदिग्ध हाँ है, तो कृपया अपने पीडीए पर वापस जाएँ और आवश्यक बदलाव करें। आपका लक्ष्य 3 ऐसे विशिष्ट पीडीए की पहचान करना है जिनके बारे में आप 100% आश्वस्त हैं कि उन्हें करने से आप निश्चित रूप से अपने सपनों की प्राप्ति की ओर अग्रसर होंगे।

इस प्रक्रिया का मुख्य उद्देश्य आपके जीवन को सरल बनाना और आपको अपने सपनों की दिशा में दैनिक निरंतर प्रगति करने के लिए सशक्त बनाना है। अपने पीडीए की पहचान करने के बाद, आपको अपने बड़े सपने के बारे में नहीं सोचना है, बल्कि आपको अपनी सारी ऊर्जा अपने पीडीए को प्रभावी ढंग से पूरा करने पर केंद्रित करनी है। बड़े सपनों से दैनिक पीडीए पर फ़ोकस में यह बदलाव आपको अपने किसी भी सपने को हासिल करने में कमाल की मदद कर सकता है, चाहे वह किताब लिखना

हो या वज़न कम करना हो या एक निश्चित रैंक हासिल करना हो या अपने सपनों की कार ख़रीदना हो। मैंने व्यक्तिगत रूप से इस प्रक्रिया के माध्यम से अपने जीवन के सभी लक्ष्य हासिल किए हैं और मेरी वर्कशॉप्स में आने वाले लाखों लोगों ने भी। अगले क़दम के बारे में यह स्पष्टता प्राप्त करना आपके लिए सबसे बड़ा गेम चेंजर हो सकता है और पीडीए प्रक्रिया यह आपके लिए करती है।

सावधानी का एक शब्द – अपने पीडीए का निर्धारण करते समय, कृपया ऐसे कार्य तय करें जिन्हें आप एक दिन में पूरा कर सकते हैं। अपने बड़े सपनों को तेजी से हासिल करने के अतिउत्साह में, उन कार्यों को मत चुनें जिन्हें आप हर दिन लगातार नहीं कर पाएंगे। कृपया याद रखें लक्ष्य रोज़ निरंतर बढ़ना है। एक बार जब आप निरंतरता के माहिर हो जाएँ, तो आप अपने कार्यों की गहनता बढ़ा सकते हैं।

मैं इस पूरे मॉडल को लाइफ़ जीपीएस सिस्टम कहता हूँ और इसका सही तरीक़े से इस्तेमाल करने पर यह किसी को भी कोई भी लक्ष्य हासिल करने के लिए सशक्त बना सकता है और वह भी बिना किसी तनाव के। इस मॉडल को नीचे दिए गए चित्र में दर्शाया गया है –

इस जीपीएस सिस्टम में 3 हिस्से हैं। आप अपने लक्ष्य/सपने निर्धारित करके शुरुआत करें। फिर आप अपने पीडीए की पहचान करें और हर दिन अपना पीडीए करना शुरू करें। 30-45 दिनों तक अपना पीडीए पूरा करने के बाद आपको अपनी प्रगति की समीक्षा करनी चाहिए और अपने पीडीए में आवश्यक बदलाव करना चाहिए। यहीं पर बहुत से लोग ग़लती करते हैं। जब भी हम कुछ भी करना शुरू करते हैं, तो उसे करने के कुछ दिनों के बाद, हमें कुछ ख़ास गतिविधियों को करने में आराम की भावना मिलने लगती है। हम उनके द्वारा उत्पादित परिणामों का विश्लेषण किए बिना उन्हें महीने-दर-महीने करते रहते हैं। लेकिन यदि आप वास्तव में प्रगति करने के बारे में गंभीर हैं, तो आपको हर 1 महीने और 3 महीने बाद खुद का विश्लेषण करने के लिए एक सिस्टम बनाना चाहिए और इस सरल नियम का पालन करना चाहिए - जो काम परिणाम दे रहा है उसे ज़्यादा करें और जो काम परिणाम नहीं दे रहा है उसे कम करें। अगले अध्याय में आत्म-विश्लेषण के लिए मैंने एक और मॉडल भी दिया है।

कुछ काम ऐसे होंगे जिन्हें हमने कुछ साल पहले शुरू किया था और हमें आश्चर्यजनक परिणाम मिले थे लेकिन यह ज़रूरी नहीं है कि वो काम अभी भी वैसे ही परिणाम देंगे। हमें वास्तव में उन्हें करना बंद कर देना चाहिए और उनके स्थान पर नए कार्यों को अपनाना चाहिए जो हमें नए परिणाम देंगे। उन्हीं पुराने कामों को बार-बार करने से नए परिणाम नहीं मिलने की शिकायत करना व्यर्थ है क्योंकि वे काम अब अपना प्रभाव खो चुके हैं। आप कुछ कामों को बार-बार करने से कुशल बन जाते हैं लेकिन आप प्रभावी तब होते हैं जब आप चुनते हैं कि कौन से कार्य करने हैं। मैं चाहता हूँ कि आप क्षमता और प्रभावशीलता का मिश्रण बनें। (E^2 = combination of Efficiency and Effectiveness)

एक्शन लीजिए! एक मील के इरादे की तुलना में एक इंच की
हलचल आपको अपने लक्ष्यों के क़रीब लाएगी।

– स्टीव माराबोली

आपको लगातार सही काम करने में मदद करने के लिए, मैंने एक ख़ास **"सपनों से हक़ीक़त 5 क़दमों में जर्नल और वर्कबुक"** बनाई है जिसका

उपयोग इस पुस्तक के साथ किया जा सकता है। इस जर्नल में विस्तृत फ़ॉर्म हैं जिन्हें आप भर सकते हैं और इस पुस्तक में बताए गए सभी कामों को पूरा कर सकते हैं। आप उस वर्कबुक को मेरी वेबसाइट www.deepakbajaj.biz से ऑर्डर कर सकते हैं।

क्या आपने ऐसे लोगों को देखा है जो बड़े लक्ष्य निर्धारित करने में विशेषज्ञ हैं लेकिन प्रेरणा की कमी के कारण एक्शन लेने में सक्षम नहीं हैं? या कुछ अन्य जो इतने बड़े लक्ष्य निर्धारित कर लेते हैं कि वे अपने ही लक्ष्य के बोझ से दब जाते हैं। बड़ी प्रेरणा वाले कई अन्य महत्त्वाकांक्षी लोग हैं जो कार्यों की इतनी लंबी सूची बनाते हैं कि उनकी सूची के आकार को देखकर ही वे निष्क्रिय हो जाते हैं। मेरा पीडीए सिस्टम इन सभी चिंताओं का समाधान करता है और आपको अपने सपनों की दिशा में दैनिक निरंतर प्रगति करने के लिए सशक्त बनाएगा।

हर दिन अपना पीडीए पूरा करने का एक और छिपा हुआ लाभ है। हर बार जब आप अपना पीडीए पूरा करेंगे, तो आपका आत्मविश्वास भी बढ़ेगा और आप अपने अवचेतन मन को एक संदेश देंगे कि आप हमेशा वही करते हैं जो आप करने का निर्णय लेते हैं। अपने लक्ष्यों को लगातार प्राप्त करना, आपके अवचेतन विश्वासों को मज़बूत करेगा और आपको लगातार बढ़ती सफलता के लिए तैयार करेगा।

हर कोई अवचेतन मन की शक्ति को जानता है और यह आपके लिए क्या-क्या कर सकता है, लेकिन सबसे महत्त्वपूर्ण कार्य अपने अवचेतन मन को अपने पक्ष में काम करने के लिए प्रोग्राम करना है। सही ढंग से की गई पीडीए प्रक्रिया आपके दिमाग़ को बड़ी सफलता के लिए प्रोग्राम करेगी। यदि आप सीखना चाहते हैं कि अपने अवचेतन मन को कैसे प्रशिक्षित किया जाए, तो आप मेरे यूट्यूब चैनल पर एक छोटा वीडियो देख सकते हैं। यह सफलता और अवचेतन मन से संबंधित आपके कई सवालों का जवाब देगा और आपको अपने अवचेतन मन को प्रभावी ढंग से प्रशिक्षित करने का एक सरल तरीक़ा प्रदान करेगा। आप आगे दिए गए क्यूआर (QR) कोड को स्कैन करके इसे देख सकते हैं।

यूट्यूब वीडियो - अवचेतन मन पे जीत कैसे पाए ?

इस बात पर विश्वास मत करो कि किनारा छोड़े बिना तुम अपनी मंज़िल तक पहुँच जाओगे।

– चीनी कहावत

अब आप उन तीन चीज़ों के बारे में बिलकुल स्पष्ट हैं जो आपको अपने सपनों को साकार करने के लिए आज करने की आवश्यकता है, तो बस उन्हें करना शुरू करिए। आपने जो निर्णय लिया है उसे हर दिन करने के लिए प्रतिबद्ध और अनुशासित रहें। हर बार जब हम दूसरे लोगों से कोई वादा करते हैं तो उस वादे को निभाने की पूरी कोशिश करते हैं, तो हम अपने साथ किए गए वादे के साथ भी ऐसा ही क्यों ना करें। यदि आपने तय कर लिया है कि आप ये 3 काम हर दिन करेंगे, तो इन्हें दूसरे लोगों या अन्य चीज़ों के लिए क्यों त्यागें। हर बार जब आप वह करते हैं जिसकी आपने योजना बनाई है, तो आप अपने अंदर के आंतरिक विजेता को मज़बूत करते हैं और इस तरह आप धीरे-धीरे उच्च लक्ष्यों को प्राप्त करने के लिए आंतरिक शक्ति का निर्माण करेंगे।

प्रतिबद्धता का अर्थ उस काम को ज़रूर करना है जिसका आपने वादा किया था, चाहे वो मनोदशा अब नहीं रही, जिस मनोदशा के दौरान बहुत समय पहले आपने उस काम को करने का वादा किया था। आत्म-अनुशासन का अर्थ है वो करना जो सही है और तब करना जब सही है, चाहे वो आपको पसंद हो या नहीं। प्रतिबद्धता और आत्म-अनुशासन को अपना सबसे अच्छा सहयोगी बनाएँ और अपने सपनों को प्राप्त करने के लिए तेज़ी से आगे बढ़ें।

एक्शन लेने वाले व्यक्ति बनें। आपकी ख्याति ऐसी होनी चाहिए कि लोग बोलें कि यह एक ऐसा व्यक्ति है जो वही करता है तो बोलता है। आपको किसी काम को याद दिलाने की ज़रूरत नहीं पड़नी चाहिए। यदि आपने कुछ करने का संकल्प लिया है, तो दुनिया जानती है कि आप उसे बिना किसी रिमाइंडर के करेंगे। जैसे ही आप इन गुणों को विकसित करेंगे, सफलता और खुशियाँ खुद ही आपकी ओर अपना रास्ता खोज लेगी।

एक्शन के 7 सबसे बड़े दुश्मन

जब आप एक्शन लेना शुरू करते हैं, तो इन 7 सबसे बड़े दुश्मनों से हमेशा सावधान रहें जो आपको एक्शन लेने से रोक सकते हैं। एक्शन के 7 सबसे बड़े दुश्मन नीचे दिए गए चित्र में दिखाए गए हैं –

एक्शन के 7 सबसे बड़े दुश्मन

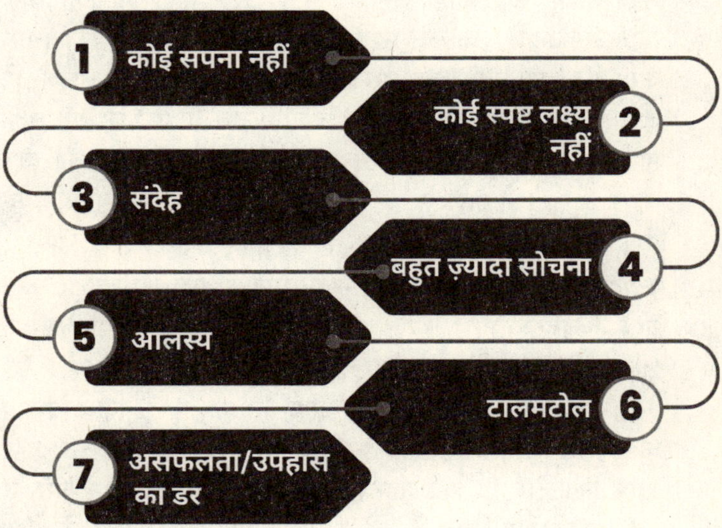

1. **सपने/उद्देश्य ना होना :** अगर आप भूखे नहीं हैं तो आप किसी भी होटल में नहीं रुकेंगे, चाहे उनका खाना कितना भी अद्भुत क्यों ना हो। अगर तुम्हें कहीं जाना ही नहीं है तो तुम जाने की कोशिश क्यों करोगे। जिन लोगों के पास सपने या उद्देश्य की कमी है वे कभी कोई क़दम नहीं उठाते।
2. **स्पष्ट लक्ष्य ना होना :** स्पष्ट लक्ष्यों के बिना काम करना धूल भरी विंडस्क्रीन वाली कार चलाने के समान है। यदि आप आगे की सड़क नहीं देख सकते तो सबसे तेज़ गाड़ी भी आपको आगे नहीं ले जा सकती। इसी तरह, यदि आपको स्पष्ट रूप से पता नहीं है कि आप कहाँ जाना चाहते हैं, तो आप अगला क़दम कैसे उठाएँगे। स्पष्टता सफलता से पहले आती है।
3. **संदेह :** किसी भी अन्य संसाधन की कमी से ज़्यादा संदेह ने सपनों को मार डाला है। जब आपको खुद पर ही विश्वास नहीं है तो दूसरे आप पर कैसे विश्वास करेंगे? अपने अंदर की इस आवाज़ को नहीं सुनें जो आपसे कहती है – क्या होगा अगर यह काम नहीं चला तो? उस आवाज़ को चुप रहने के लिए कहें और मुझ पर विश्वास करें, यदि आप दृढ़तापूर्वक इस आवाज़ को चुप रहने का आदेश देंगे तो यह आवाज़ वास्तव में बंद हो जाएगी। जब भी आपको यह संदेह हो – यदि यह काम नहीं करेगा तो क्या होगा? इस बात को तुरंत बदलें और अपने आप से कहें – यदि यह वास्तव में वैसा काम कर गया जैसा मैंने सोचा था तो क्या होगा? और काम पर लग जाएँ।
4. **ज़्यादा सोचना :** कुछ लोग उस सही समय या पल का इंतज़ार करते रहते हैं जब वे कहेंगे कि अब सारी तैयारी हो गई है और फिर वे शुरू करेंगे। यह दृष्टिकोण ठीक है लेकिन एकमात्र समस्या यह है कि ऐसा कोई क्षण नहीं आएगा जब आप यह कह पाएँगे कि अब सब कुछ तैयार है। तैयार होने के इस कभी नहीं ख़त्म होने वाले चक्र से बाहर निकलें। हाँ तैयारी महत्त्वपूर्ण है। मैंने इस पुस्तक में तैयारी पर एक पूरा अध्याय लिखा है। लेकिन मैं आपको अपनी तैयारी के लिए एक समय सीमा तय करने और एक्शन लेने के अगले चरण पर तुरंत आगे बढ़ने के बारे में चेतावनी देना चाहता हूँ।

आप तुरंत एक्शन लेने के लिए मेरे 2 सिद्ध फ़ॉर्मूलों का उपयोग कर सकते हैं –

- **अभी शुरू करें, बाद में सुधार करें।**
- **80% काफ़ी है।**

यदि आपको लगता है कि आप 80% तैयार हैं, तो बस एक्शन लेना शुरू करें। वैसे भी पहला प्रोडक्ट अंतिम प्रोडक्ट नहीं होता। सुधार करते रहो। वर्तमान में आईफ़ोन (iPhone) अपना 15वाँ वर्ज़न बेच रहा है और मर्सिडीज ई क्लास का मौजूदा मॉडल 6वीं पीढ़ी का मॉडल है। अभी शुरुआत करें और बाद में सुधार करते रहें।

कोई सपना जादू से हक़ीक़त नहीं बनता; इसमें पसीना,
दृढ़ संकल्प और कड़ी मेहनत लगती है।
– कॉलिन पॉवेल

5. **आलस :** विभिन्न कारणों से लोग आलसी होते हैं और अपने जीवन या कार्य की स्थिति को बदलने के लिए कोई क़दम उठाने को तैयार नहीं होते हैं। आपको आश्चर्य हो सकता है कि क्या ये लोग अधिक पैसा कमाना नहीं चाहते। शायद इन लोगों के लिए रणनीति यह है कि वे अपनी जीवनशैली को कम करते रहें और अपने ख़र्चों को कम करते रहें ताकि वे सबसे कम इनकम के साथ भी काम चला सकें। वे आराम, मनोरंजन और जहाँ भी हों वहीं रहना पसंद करते हैं।

6. **टालमटोल :** जबकि आलस्य का मतलब कुछ भी नहीं करना है, टालमटोल का मतलब बाक़ी सब कुछ करना है लेकिन वह काम नहीं करना है जो आपके लक्ष्यों के लिए सबसे महत्त्वपूर्ण है। वे अच्छे इरादे वाले लोग हैं और वे जानते हैं कि क्या करना है, लेकिन वे कुछ कम मूल्य वाली गतिविधियों को करने में इतने सहज होते हैं कि वे वास्तविक काम करने से बचने के लिए बहाने बनाते रहते हैं। व्यस्त दिखने की कला में उन्हें महारत हासिल है। वे कुछ और करने के

नाम पर अपने उच्च इनकम वाले कार्यों या विकास गतिविधियों को टालते रहेंगे।

असल में मेरे सहित अधिकांश लोग किसी न किसी स्तर पर काम टाल देते हैं। टालमटोल को दूर करने का सबसे अच्छा तरीक़ा जीपीएस मॉडल का पालन करना है जैसा कि इस पुस्तक में पहले चर्चा की गई है या एक सलाहकार के साथ काम करना या एक सशक्त आंतरिक सर्कल रखना है। नई ट्रेनिंग में जाने से आपका मन भी नए काम करने के लिए खुलता है। मैंने आलस्य और टालमटोल को कैसे हराया जाए, इस पर कई फ़्री ट्रेनिंग वीडियोस बनाए हैं। आप उन्हें मेरे यूट्यूब चैनल – दीपक बजाज पर देख सकते हैं।

खुद को बेहतर बनाने में इतने व्यस्त हो जाएँ कि
आपके पास यह सोचने का समय ही नहीं बचे कि दूसरे
क्या सोच रहे हैं या क्या कर रहे हैं।

– दीपक बजाज

7. **असफलता/बेइज़्ज़ती का डर :** हमारे माता-पिता चाहते थे कि हम एक अच्छा बेटा/बेटी बनें। हमारा स्कूल/कॉलेज चाहता था कि हम एक अच्छे छात्र बनें। समाज चाहता था कि हम एक अच्छे इंसान बनें। अच्छाई की जो परिभाषा हमारे मन में बार बार दोहराकर बैठा दी गयी है, वह अच्छे होने को ऐसे व्यक्ति के रूप में परिभाषित करती है जो अनुशासित है, आज्ञाकारी है, ग़लतियाँ नहीं करता है, अपने माता-पिता, शिक्षक या रिश्तेदारों की बात सुनता है और वही करता है जो बड़ों द्वारा कहा जाता है और जो बाक़ी सब कर रहे हैं उसका पालन करता है। यदि आप इस परिभाषा में फ़िट नहीं बैठते हैं, तो आपको एक बुरे लड़के/लड़की के रूप में लेबल किया जाएगा, आपको डाँटा जाएगा, आपके माता-पिता या शिक्षक आपको पसंद नहीं करेंगे और आपके आस-पास के सभी लोग आप पर हँसेंगे।

हर बार जब हमने कोई ग़लती की तो हमें डाँटा गया और दंडित किया गया। हर बार जब हमने उन चीज़ों पर सवाल किया जो सब

लोग करते हैं या एक अलग दृष्टिकोण का इस्तेमाल किया, तो हमारे आस-पास के सभी लोगों ने हमारा मज़ाक़ उड़ाया। समाज बस यही चाहता था कि हम अशांति नहीं फैलाएँ और जो चल रहा है, उसका चुपचाप पालन करें। मैं इस बात में नहीं पड़ रहा हूँ कि ऐसा सिस्टम क्यों और कैसे शुरू किया गया, लेकिन बचपन से ही हमारे अंदर ग़लतियाँ करने का डर और मज़ाक़ उड़ाए जाने का डर विकसित हो गया है। इससे पहले कि हम कुछ भी नया करें या उसके बारे में सोचें, हमारी पहली चिंता यह होती है कि दूसरे लोग क्या कहेंगे।

मेरा विश्वास करें, हममें से अधिकांश लोग इस बात का अधिक अनुमान लगाते हैं कि हमारी असफलताओं के लिए दूसरे लोग हमारा कितना मज़ाक़ उड़ाएँगे या हमारे बारे में कैसी बात करेंगे। अधिकांश लोगों को इसकी परवाह नहीं होती कि आप क्या कर रहे हैं या क्या नहीं कर रहे हैं, जब तक कि आप एक सेलिब्रिटी या अपने शहर के सबसे सफल बिज़नेसमैन या राजनीतिक नेता नहीं हों। और उन सभी लोगों में से जिन्होंने आपकी असफलता के बारे में बात की, अधिकांश लोग इसके कुछ ही मिनटों के भीतर आपकी असफलताओं के बारे में भूल भी जाएँगे। आपकी ही तरह वे भी अपनी असफलताओं की चिंता में लगे रहते हैं।

यह भी याद रखें कि जिन लोगों से आप डरते हैं, वे तो तब भी कुछ ना कुछ ज़रूर कहेंगे जब आप कुछ नहीं करेंगे। क्या आपने देखा है कि ये कौन लोग हैं जो हमेशा दूसरों के बारे में नकारात्मक बातें करते हैं? वे आम तौर पर वे लोग होते हैं जो स्वयं बड़े हारे हुए और असफल होते हैं। वे वे लोग हैं जिन्होंने कभी कड़ी मेहनत नहीं की, कभी भी अपने जीवन में कुछ भी महत्त्वपूर्ण नहीं किया और अपनी कायरता को बचाने के लिए उनके पास एकमात्र विकल्प हर ऊँचे सपने देखने वाले को नीचे गिराना है ताकि हर कोई अपने स्तर पर बना रहे।

इसलिए लोग क्या कहेंगे इसकी चिंता के कारण कभी भी वह करना बंद नहीं करें जिस पर आप वास्तव में विश्वास करते हैं।

ब्रेन ब्राउन का यह उद्धरण हमेशा याद रखें –

साहस ऐसा है – यह एक आदत है, एक गुण है : आप इसे साहसी कार्यों से प्राप्त करते हैं। यह ऐसा है जैसे आप तैरकर तैरना सीखते हैं। आप साहस से साहस सीखते हैं।

"मैंने कई साल पहले एक पिता और पुत्र के बारे में यह कहानी सुनी थी जो गाँव के पशु बाज़ार से एक गधा ख़रीदने गए थे। जब वे गधे को लेकर गाँव वापस आ रहे थे, तो उनकी मुलाक़ात कुछ लोगों से हुई, जिन्होंने उन पर हँसते हुए कहा, तुम दोनों इस गाँव के सबसे बड़े बेवक़ूफ़ हो, जिन्होंने गधा ख़रीदा है, लेकिन अभी भी पैदल चल रहे हो और गधे पर नहीं बैठे हो। यदि आपको इसपर बैठना ही नहीं था तो आपने गधा ख़रीदा ही क्यों? लोगों को अपने ऊपर हँसता देख वे दोनों परेशान हो गए और तुरंत गधे की पीठ पर चढ़ गए। अब उन्हें पूरा विश्वास था कि उनके आस-पास के लोग उन पर गर्व करेंगे।"

कुछ देर बाद उन्हें लोगों का एक और जनसमूह मिला, जो बेटे और पिता दोनों को गधे पर बैठा देखकर बहुत क्रोधित हो गए। उन्होंने कहा, तुम इतने क्रूर कैसे हो सकते हो कि तुम दोनों बेचारे गधे पर बैठे हो। अपनी पीठ पर दो बड़े व्यक्तियों को ले जाने के कारण गधा लगभग मर चुका है। कुछ तो दया करो। यह सुनकर दोनों बहुत परेशान हो गए और गधे की पीठ से तुरंत उतर गए।

अब वे उलझन में पड़ गए कि क्या करें क्योंकि जब वे गधे पर नहीं बैठे थे और जब वे गधे पर बैठे थे दोनों ही स्थितियों में लोग उन पर हंस रहे थे। पिता ने एक योजना बनाई कि बेटा गधे पर बैठेगा और पिता बस साथ चलेंगे। उन दोनों को पूर्ण विश्वास था कि इस बार कोई भी उन पर हँसेगा नहीं क्योंकि अब केवल बेटा ही गधे की पीठ पर बैठा है।

थोड़ी देर बाद उन्हें लोगों का एक और जनसमूह मिला, जो उन दोनों पर सचमुच क्रोधित होकर कहने लगे, कितना दुर्भाग्यपूर्ण दृश्य है। जवान बेटा गधे की पीठ पर बैठा है और बेचारा बूढ़ा बाप धूप में चल रहा है। ऐसे क्रूर पुत्र से तो पुत्र नहीं होना ही अच्छा है।

दोनों अब वास्तव में परेशान हो गए और अब उनके पास एकमात्र विकल्प यह था कि पिता को गधे की पीठ पर बिठाया जाए और बेटे को बगल में चलने दिया जाए। *उन्हें पूरा विश्वास था* कि अब लोग उनकी सराहना करेंगे और उन पर गर्व करेंगे।

थोड़ी देर बाद, उन्हें कुछ और लोग मिले, जिन्होंने फिर से उन दोनों को यह कहते हुए डाँटा, कैसा स्वार्थी पिता है जो अपने बेटे को धूप में चलवा रहा है और खुद गधे की सवारी कर रहा है। पूरी ज़िंदगी पिता ने आनंद लिया और अब बेटे के जीवन का आनंद लेने का समय है लेकिन यह स्वार्थी पिता अभी भी इतना लालची है कि वह गधे का आनंद ले रहा है, बेटे को सवारी करने की अनुमति नहीं दे रहा है।

पिता-पुत्र ने हर विकल्प इस उम्मीद में आज़माया था कि लोग उनकी सराहना करेंगे लेकिन उन्होंने जो भी किया लोग उन पर सिर्फ़ हँसते रहे। अब उनके पास एकमात्र विकल्प गधे को अपने कंधों पर ले जाना था। वे पूरे गाँव को इतना ख़ुश करना चाहते थे कि आख़िरकार उन्होंने गधे को अपनी पीठ पर लादा और गाँव में प्रवेश किया। चेहरे पर बड़ा गर्व और दिल में आत्मविश्वास लेकर वे इस उम्मीद के साथ गाँव में दाखिल हुए कि अब पूरा गाँव उनकी सराहना करेगा। उन्हें आश्चर्य हुआ, पूरा गाँव फिर से उन पर हँसने लगा और कहने लगा, *"ये दोनों पिता और पुत्र सबसे बड़े बेवक़ूफ़ हैं जो उन्होंने अपने जीवन में कभी देखे हैं। इन दोनों ने गधा ख़रीदा ही क्यों, अगर उन्हें इसे अपने कंधों पर ही ले जाना था।"*

वे दोनों इतने निराश हो गए कि रोने लगे और गधे को वहीं छोड़कर अपने घर की ओर भाग गए। मेरा विश्वास करो, इस धरती पर सबसे दुखी लोग वे हैं जो हमेशा दूसरों को ख़ुश करने की कोशिश करते रहते हैं। कृपया इसके लिए प्रयास करना बंद करें, आप कभी सफल नहीं होंगे। इसके बजाय, कुछ ऐसा करें जिस पर आपको गर्व हो। ऐसे काम करें जो आपको अपने लक्ष्य हासिल करने और अपने परिवार के सपनों को पूरा करने में मदद करें।

एक यूट्यूबर जिसके लाखों फ़ॉलोअर्स हैं वो आपके पहले वीडियो का कभी मज़ाक़ नहीं उड़ाएगा चाहे वह कितना भी बुरा क्यों नहीं हो। एक अच्छा स्पीकर कभी भी आपके पहले भाषण का

मज़ाक़ नहीं उड़ाएगा। एक महान बिज़नेसमैन एक छोटा-सा बिज़नेस शुरू करने के लिए कभी आपका मज़ाक़ नहीं उड़ाएगा। उन लोगों की वजह से अपना रास्ता कभी नहीं छोड़ें जो खुद रास्ते पर नहीं हैं।

आप अपने परिवार के सपनों को पूरा करने के लिए एकमात्र ज़िम्मेदार व्यक्ति हैं। मैंने व्यक्तिगत रूप से अनुभव किया है कि यदि आपका परिवार कठिन परिस्थिति से गुज़रता है तो इनमें से कोई भी सलाहकार आपकी सहायता के लिए नहीं आएगा। तो इस बात की चिंता क्यों करें कि ये सभी लोग आपके बारे में क्या कहेंगे। अगर आप यह सोचना शुरू कर देंगे कि वे सब क्या सोच रहे हैं, तो वे क्या सोचेंगे। आप अपनी सोच रखें, उन्हें अपनी सोच रखने दें और हमेशा याद रखें –

कभी भी अपने पड़ोसियों की राय की चिंता करके अपने सपने के लिए काम करना बंद नहीं करें क्योंकि आपकी सफलता देखकर आपके पड़ोसियों की राय तुरंत बदल जाएगी।

– दीपक बजाज

अभी निर्णय लें कि आप एक एक्शन लेने वाले व्यक्ति बनेंगे। हर कोई विचारों से भरा हुआ है। सोशल मीडिया और इंटरनेट ने हर किसी को ज्ञान और विचारों से भर दिया है। दुनिया विशेषज्ञों, ट्रेनर्स और कोचों से भरी है लेकिन जो चीज़ वास्तव में विजेताओं को बाक़ी सभी से अलग करती है वह है अमल करने की गति। हो सकता है कि आप अपनी इंडस्ट्री के सबसे पहले काम करने वाले नहीं हों। कोई बात नहीं। लेकिन आप निश्चित रूप से तेज़ी से आगे बढ़ने वाले व्यक्ति हो सकते हैं। वैसे भी पहले काम करने वाले का लाभ अतीत की बात है, अब ज़माना तेज़ी से आगे बढ़ने वालों का है। आज से ही इस नए सिद्धांत को अपनाएँ- चलो अभी शुरू करते हैं।

बड़ा सोचो, तेज़ी से सोचो और आगे की सोचो। विचारों पर किसी का एकाधिकार नहीं है।

– धीरु भाई अंबानी

अध्याय 4 की अविस्मरणीय सीख

- अधिकांश लोग अपने लक्ष्य या सपने लिखकर ही अपने लक्ष्य निर्धारण की प्रक्रिया को संपूर्ण मान लेते हैं। लेकिन आपको अपने शीर्ष 3 कार्यों को स्पष्ट रूप से पहचानना होगा जो आप उन लक्ष्यों को प्राप्त करने के लिए हर दिन करेंगे और हम उन कार्यों को आपके पीडीए (प्राथमिक दैनिक कार्य) कहेंगे।
- लक्ष्य दो प्रकार के होते हैं - परिणाम आधारित लक्ष्य और प्रक्रिया आधारित लक्ष्य।
- किसी भी सपने को पूरा करने के लिए लाइफ़ जीपीएस सिस्टम के मास्टर बनें - लक्ष्य सपने/> पीडीए (प्राथमिक दैनिक क्रियाएँ) आत्म-विश्लेषण।
- आप कार्यों को बार-बार करने से कुशल बनते हैं लेकिन आप प्रभावी तब बनते हैं जब आप यह चुनते हैं कि कौन से कार्य करने हैं। इसलिए, दक्षता और प्रभावशीलता का संयोजन बनाने का लक्ष्य रखें।
- प्रतिबद्धता और आत्म-अनुशासन को अपना सबसे अच्छा सहयोगी बनाएँ और इनकी मदद से अपने सपनों को प्राप्त करने के लिए तेज़ी से आगे बढ़ें।
- काम करने के 7 शत्रुओं से हमेशा सावधान रहें - कोई सपने नहीं, कोई स्पष्ट लक्ष्य नहीं, संदेह, ज्यादा सोचना, आलस, टालमटोल और असफलता/उपहास का डर।
- इस धरती पर सबसे दुखी और परेशान लोग वे हैं जो हमेशा दूसरों को ख़ुश करने की कोशिश करते रहते हैं। कृपया इसके लिए प्रयास करना बंद करें, आप इसमें कभी सफल नहीं होंगे।
- कभी भी अपने पड़ोसियों की राय की चिंता करके अपने सपने के लिए काम करना बंद नहीं करें क्योंकि आपकी सफलता देखकर आपके पड़ोसियों की राय तुरंत बदल जाएगी।
- हर किसी के पास विचार होते हैं। दुनिया विशेषज्ञों, प्रशिक्षकों और कोचों से भरी है लेकिन जो चीज़ वास्तव में विजेताओं को बाक़ी सभी से अलग करती है वह है अमल करने की गति।

- जब तैयारी से कार्रवाई की ओर बढ़ने की बात आती है, तो इन 2 नियमों को हमेशा याद रखें – अभी शुरू करें, बाद में सुधार करें और 80% बहुत है।

इस अध्याय से मिलने वाले परिणामों को कई गुना बढ़ाने के लिए अभ्यास

1. अपने पीडीए की पहचान करने के लिए इस अध्याय में दी गई चरण दर चरण पीडीए पहचान प्रक्रिया का पालन करें।
2. अपने पीडीए की पहचान करने के बाद अपने आप से यह सवाल पूछें, *अगर मैं अगले कुछ महीनों/वर्षों तक हर दिन ये 3 पीडीए करूँगा, तो क्या मैं अपने जीवन का सबसे महत्त्वपूर्ण सपना हासिल कर पाऊँगा?* यदि इस प्रश्न का आपका उत्तर बिलकुल हाँ है, तो कृपया अपने सपने को भूल जाएँ और हर दिन बस अपने पीडीए करना शुरू करें।
3. कल्पना कीजिए कि आप अपना पीडीए कर रहे हैं और यह अनुमान लगाने का प्रयास करें कि वे कौनसी संभावित बाधाएँ हो सकती हैं जो आपको अपना पीडीए लगातार करने से रोकेंगी। अभी इसके लिए समाधान खोजें और अपने पीडीए पर कार्रवाई शुरू करें।
4. कार्रवाई के सभी 7 शत्रुओं की जाँच करें और यह पता लगाएँ कि क्या आपने अतीत में इनमें से किसी एक या अधिक का सामना किया है। इस बार ऐसा होने पर उससे निपटने की रणनीति बनाएँ।

यहां स्कैन करें और सीधे मेरी वेबसाइट पर जाएं

www.deepakbajaj.biz

इन अभ्यासों को पूरा करने के लिए विस्तृत फ़ॉर्म सपनों से हक़ीक़त 5 क़दमों में जर्नल और वर्कबुक में उपलब्ध हैं।

आप इसे मेरी वेबसाइट www.depakbajaj.biz से प्राप्त कर सकते हैं या साइड में दिए क्यूआर (QR) कोड को स्कैन करके।

5

सफलता को स्वचालित करने वाले वातावरण का निर्माण

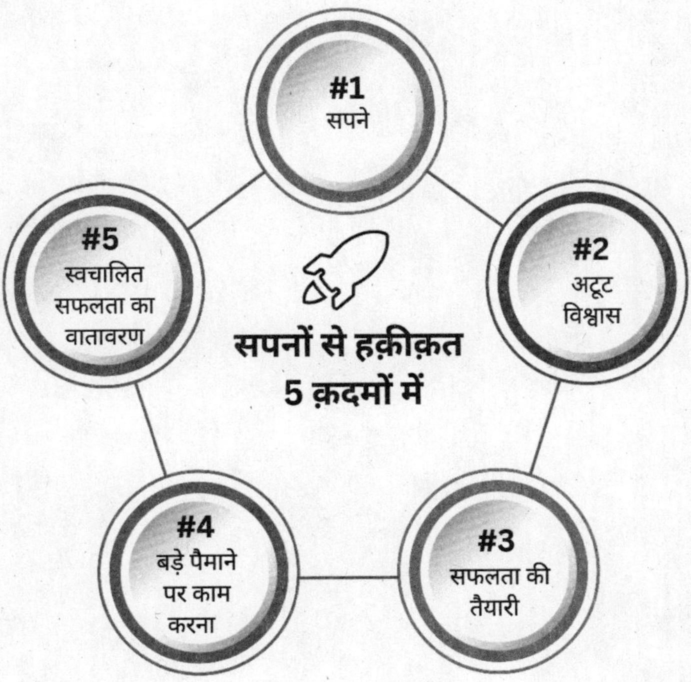

यदि आपका कोई सपना है, तो उसे लेकर वहीं बैठे मत रहिए। यह विश्वास करने का साहस जुटाएँ कि आप सफल हो सकते हैं और इसे हक़ीक़त में बदलने में कोई कसर नहीं छोड़ें।

– रूपलीन

जीवन में हमारा पहला लक्ष्य होता है सफल होना और फिर दूसरा लक्ष्य होता है सफलता को बरकरार रखना या अपनी सफलता को कई गुना बढ़ाना। दिल से हर कोई आगे बढ़ना और सफल होना चाहता है। हम जीवन के सभी विभिन्न क्षेत्रों और अपने करियर के सभी विभिन्न आयामों में फलना-फूलना चाहते हैं। हमारे पास कई प्रतिभाएँ हैं जिन्हें हम व्यक्त करना चाहते हैं और कई चीज़ें हैं जो हम करना चाहते हैं। ऐसे कई लोग हैं जो लक्ष्य निर्धारित करने और कार्य शुरू करने में सक्षम नहीं हैं, पर उनसे भी बड़ी संख्या उन लोगों की है जिनके बड़े सपने हैं। वे प्रेरित भी हैं और कार्य शुरू भी कर देते हैं लेकिन वे लगातार लंबे समय तक सही कार्य नहीं कर पाते हैं और इसलिए वे उस जीवन का निर्माण नहीं कर पाते हैं जिसका वे सपना देखते हैं। इनमें से अधिकतर मामलों में लोग सफलता का पाँचवाँ तत्व बनाने से चूक जाते हैं और वह है सही माहौल बनाना।

यदि आप अपने कार्यों में निरंतरता और अपने परिणामों में निरंतर वृद्धि बनाए रखने में सक्षम नहीं हैं, तो सबसे पहले आपको अपने आसपास के वातावरण की जाँच करने की आवश्यकता है। सही वातावरण ना केवल आपके लिए सफलता को स्वचालित बना देगा बल्कि आपकी सफलता की यात्रा में आपको गहरी संतुष्टि भी प्रदान करेगा।

मेरा मानना है कि जीवन में आपका मुख्य उद्देश्य आपके लिए एक ऐसा वातावरण तैयार करना है जिससे सफलता स्वचालित हो जाए, निरंतर विकास स्वाभाविक रूप से हो और सच्चा आनंद आपके जीवन का अभिन्न अंग बन जाए।

– दीपक बजाज

सफलता प्रदान करने वाले एक आदर्श वातावरण में मुख्य रूप से दैनिक कार्य और समीक्षा प्रणालियाँ शामिल होती हैं जो जीवन के सभी 9 प्रमुख क्षेत्रों में स्थिरता और विकास सुनिश्चित करती हैं। 2 दशकों के प्रोफ़ेशनल करियर, 20 लाख से अधिक लोगों के साथ काम करने/ट्रेनिंग देने और जीवन के सभी क्षेत्रों में हज़ारों अति-सफल लोगों के साथ बातचीत ने मुझे सिखाया है कि काम जीवन का एक हिस्सा है, ना कि संपूर्ण जीवन। जब हम अपने सपनों का जीवन बनाने के लिए काम कर रहे हैं, तो अच्छे स्वास्थ्य, खिलते रिश्ते और स्थायी ख़ुशी को अपने सपनों के जीवन का हिस्सा क्यों नहीं बनाएँ।

मैंने इस पुस्तक में अच्छे जीवन के 9 प्रमुख क्षेत्रों पर एक बहुत ही विशेष बोनस अध्याय लिखा है। एक बार जब आप स्वचालित कामयाबी बनाने वाले वातावरण पर इस अध्याय को पूरा कर लें, तो कृपया जीवन के सभी क्षेत्रों में समग्र सफलता प्राप्त करने पर अगले अध्याय को पढ़ना नहीं भूलें ताकि आप ना केवल बड़ी मात्रा में धन कमा सकें बल्कि अच्छे स्वास्थ्य, गुणवत्तापूर्ण रिश्तों और परम आनंद के साथ हर दिन अपने धन का आनंद भी उठा सकें।

स्वचालित कामयाबी बनाने वाले वातावरण जो आपके लिए ऑटोपायलट पर सफलता दिला सकता है, उसके 7 प्रमुख घटक हैं जैसा कि आगे दिए गए चित्र में दिखाया गया है –

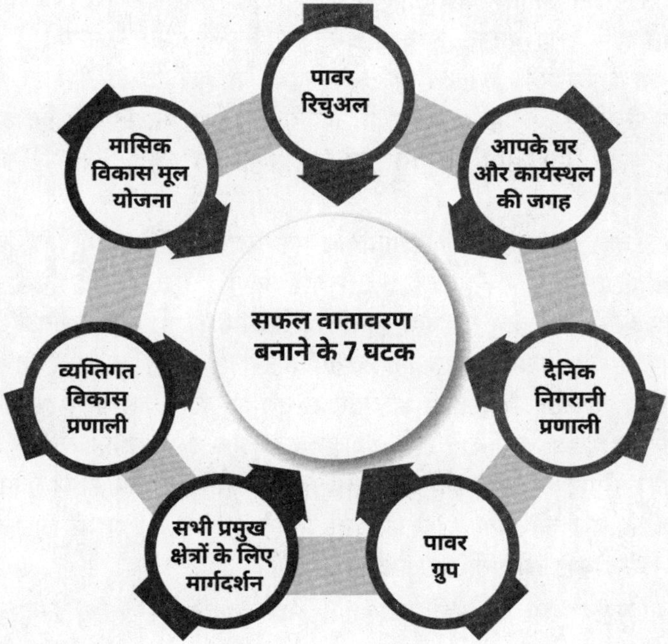

जब तक आपको बेहतर तरीक़ा नहीं मालूम तो
जो मालूम है, वो सर्वोतम ढंग से करें,
और जब आप बेहतर जान लें तो बेहतर करें।
– माया ऐंजेलू

1. पावर रिचुअल

रिचुअल वो सरल काम हैं जो आप अपना मनचाहा जीवन पाने के लिए प्रतिदिन करते हैं। रिचुअल की शक्ति उनकी सरलता और आपको अपने सर्वोत्तम स्वरूप में विकसित होने के लिए सशक्त बनाने की क्षमता में निहित है। हर वो चीज़ जो आपके लिए हर दिन करना महत्त्वपूर्ण है, उसे

सरल दैनिक रिचुअल में परिवर्तित किया जाना चाहिए। कोई भी कार्य एक रिचुअल बन जाता है जब आप इन 4 चीज़ों को विशेष रूप से परिभाषित करते हैं – क्या करना है, कब करेंगे, कहाँ करेंगे और कैसे करेंगे। यह कहना पर्याप्त नहीं है कि मैं हर दिन पढ़ूँगा या यहाँ तक कि मैं हर रात सोने से पहले 15 मिनट पढ़ूँगा। मैं आपको ये विशेष सलाह दूँगा कि आप एक क़दम और आगे बढ़ें और उन चार प्रश्नों का उत्तर दें जो मैंने ऊपर पूछे हैं।

वही रात की पढ़ने की गतिविधि एक रिचुअल बन जाएगी जब आप कुछ ऐसा कहेंगे – मैं रात 10.30 बजे अपने बिस्तर पर 15 मिनट के लिए (----किताब का नाम-----) किताब पढ़ूँगा। मेरा सुझाव है कि आपको वह किताब भी अपने बिस्तर के किनारे रखनी चाहिए। यह मत सोचिए कि आप इसे अपनी अलमारी से तब निकालेंगे जब आप इसे पढ़ने वाले होंगे। इसे अभी वहीं रखें और जब तक आप इसे पूरा नहीं पढ़ लें तब तक उस पुस्तक को अपने बिस्तर के पास ही रहने दें। आप अपने फ़ोन में 10.25 बजे का अलार्म भी सेट कर सकते हैं जिस पर यह मैसेज लिख दें – सब कुछ छोड़ दो और पढ़ो।

कृपया मुझे यह नहीं बताएँ कि आप इतने प्रेरित हैं कि इन सबके बिना भी रोज़ रात को किताब पढ़ लेंगे। मैं आपकी प्रेरणा या इच्छा शक्ति पर सवाल नहीं उठा रहा हूँ, मैं सिर्फ़ यह सुनिश्चित करना चाहता हूँ कि इस बार आप जो भी निर्णय लें वह अवश्य पूरा हो और मैं यह सुनिश्चित करने में कोई कसर नहीं छोड़ना चाहता। मैं चाहता हूँ कि आप अभी, यहीं सभी संभावित खामियों को दूर कर दें। मैं दो मुख्य कारणों की वजह से इस पर इतना ज़ोर दे रहा हूँ –

1. आप जिस तरह से एक काम करते हैं, उसी तरह आप हर काम करते हैं। यदि आप 15 मिनट किताब पढ़ने जैसी छोटी चीज़ों की इतनी अच्छी तरह से योजना बना सकते हैं और उन्हें क्रियान्वित कर सकते हैं, तो कल्पना करें कि यदि आप इसी रणनीति और शैली को अपने बड़े लक्ष्यों तक ले जाते हैं, तो आप उन्हें भी आसानी से पूरा कर लेंगें ।
2. जैसे कि निर्णय लेना और सफल होना एक आदत है वैसे ही निर्णय लेना और नहीं करना भी एक आदत है। आप वही बन जाते हैं

जो आप बार-बार करते हैं। यदि आप 15 मिनट पढ़ने जैसी छोटी चीज़ें अच्छी तरह से नहीं करते हैं, तो आप बड़ी परियोजनाओं को सफलतापूर्वक कैसे पूरा करेंगे। अभी इस क्षण से, यह निर्णय लें कि आप इस बात का ख़ास धयान रखेंगे कि आप क्या सोचते हैं, निर्णय लेते हैं और करते हैं, क्योंकि मुख्य लक्ष्य सिर्फ़ कुछ हासिल करना नहीं है, बल्कि मुख्य लक्ष्य आपको एक ऐसा व्यक्ति बनाना है जो वह कुछ भी हासिल कर सकता है।

अपने आप से किए गए वादों को निभाना आत्म-प्रेम के उच्चतम रूपों में से एक है। यह आपकी आत्म-छवि, आत्मविश्वास और आपकी सफलता को निश्चित रूप से बढ़ाएगा।

– दीपक बजाज

हमेशा याद रखें – जो भी महत्त्वपूर्ण है उसे कभी भी इच्छाशक्ति या संयोग की दया पर नहीं छोड़ना चाहिए, उन्हें रिचुअल में बदल दें और हर दिन करें। आपको अपने जीवन के 9 मुख्य क्षेत्रों में से प्रत्येक के लिए रिचुअल निर्धारित करने और उन्हें अपने दैनिक, साप्ताहिक या मासिक कार्य चक्र में शामिल करने की आवश्यकता है। प्राथमिक दैनिक क्रियाएँ (पीडीए) प्रक्रिया जिसकी हमने अध्याय 3 में चर्चा की है, आपके दैनिक रिचुअल को निर्धारित करने के सर्वोत्तम तरीक़ों में से एक है।

अपने पीडीए या दैनिक रिचुअल निर्धारित करते समय लोग जो एक बड़ी ग़लती करते हैं, वह यह है कि वे एक दिन में क्या कर सकते हैं, इसका अधिक अंदाज़ा लगा लेते हैं। उत्साह में आकर वे हर दिन करने के लिए बहुत बड़े काम तय कर लेते हैं लेकिन बाद में जब उन्हें करना शुरू करते हैं तो पूरा नहीं कर पाते। असफलता, अस्वीकृति और अपने संकल्प को पूरा ना कर पाने की शर्म की भावना उन्हें काम शुरू करने के एक या दो सप्ताह के भीतर ही निराश कर देती है। और बड़ी उम्मीदों के साथ शुरू हुई ख़ूबसूरत बदलाव की प्रक्रिया वहीं ख़त्म हो जाती है। कृपया छोटे कार्यों से शुरुआत करना याद रखें। उन कार्यों को लगातार करके निरंतरता, आत्मविश्वास और आत्म-विश्वास का निर्माण करें और फिर आगे बढ़ते रहें।

आदत एक रस्सी है; हम प्रतिदिन इसका एक धागा बुनते हैं,
और अंततः हम इसे तोड़ नहीं पाते।

– होरेस मान

आप अपने दिन के 3 अलग-अलग समय के लिए रिचुअल सेट कर सकते हैं – सुबह पौष्टिक नाश्ता, दिन के रिचुअल और रात के रिचुअल। आप अपने स्वयं के विशिष्ट रिचुअल का निर्णय ले सकते हैं, लेकिन एक सामान्य नियम के रूप में, मैं यह सलाह देना ज़रूर चाहूँगा कि रिचुअल के इन 3 अलग-अलग समय में से प्रत्येक में आप क्या-क्या शामिल कर सकते हैं –

सुबह के रिचुअल

कृतज्ञता, पानी पीना, स्वस्थ पौष्टिक नाश्ता, व्यायाम, ध्यान साधना (मेडिटेशन), दिन के आपके सबसे ज़रूरी कार्यों की समीक्षा, ऐफर्मेशन और प्रार्थना।

दिन के रिचुअल

अपने पीडीए को अपनी टॉप परफ़ॉर्मेन्स की मनोस्थिति में करें, जब आप अपना काम पूरा कर लें तो दिन की समीक्षा करें (दिन के दौरान क्या-क्या अच्छा हुआ, आज की मुख्य सीख और कल के लिए 3 सबसे ज़रूरी काम) और दिन के दौरान ऐसे कुछ ख़ास टाइम स्लॉट रखें जब आप पूरी एकाग्रता के साथ बिना किसी विकर्षण के अपने सबसे महत्त्वपूर्ण प्रोजेक्ट पर काम करते हैं।

रात्रि के रिचुअल

किताब पढ़ना, डायरी लिखना (जर्नलिंग), कृतज्ञता, परिवार के साथ समय, ध्यान साधना (मेडिटेशन), सोने से कम से कम 2 घंटे पहले भोजन और सोशल मीडिया से परहेज और कुछ ऐसा करना जो आपको पसंद हो।

यह मेरी अनुशंसित सूची है। आप इस सूची में से जो चाहें उसे चुनने के लिए स्वतंत्र हैं और अपने रिचुअल में एक समय में एक नई चीज़ जोड़ते रहें।

आपके रिचुअल एवं संस्कार आपके जीवन को बनाने या बिगाड़ने की शक्ति रखते हैं। जब आप अपने पीडीए करते हैं, तो पहले कुछ दिनों में तो परिणाम दिखाई भी नहीं देते हैं, लेकिन हर दिन की गई 1% तरक़्क़ी जुड़ते-जुड़ते एक वर्ष में कुल 365% की तरक़्क़ी हो जाएगी और यह पूरी दुनिया के लिए नोटिस करने और आपकी स्थिति को पूरी तरह से बदलने के लिए पर्याप्त होगी। वैसे भी इस समय आप सुबह, रात या दिन में जो कुछ भी कर रहे हैं, वह भी आपके रिचुअल ही तो हैं। लेकिन आपने अपने कई वर्तमान रिचुअल को उनके भविष्य के परिणामों पर विचार किए बिना ही अनजाने में अपना लिया है। मैं चाहता हूँ कि आप अपने रिचुअल के प्रति जागरूक रहें और सचेत रूप से अपने रिचुअल/पीडीए को निर्धारित करें ताकि आपका सपनों का जीवन आपके दैनिक कामकाज का एक स्वाभाविक परिणाम बन जाए।

एक शौकिया और पेशेवर के बीच का अंतर उनकी आदतों में होता है। एक शौकिया की शौकिया आदतें होती हैं। एक पेशेवर की पेशेवर आदतें होती हैं। हम कभी भी खुद को आदत से मुक्त नहीं कर सकते। लेकिन हम बुरी आदतों को अच्छी आदतों से बदल सकते हैं।

– स्टीवन प्रेसफ़ील्ड

अब चूँकि आपने रिचुअल के साथ काम करने के विज्ञान को गहराई से समझ लिया है, इसलिए मैं आपको पीडीए और रिचुअल को एक अलग दृष्टिकोण से देखने के लिए आमंत्रित करता हूँ। मैं आपके साथ अपने दैनिक रिचुअल को करने के अपने व्यक्तिगत अनुभव को बाँटना चाहता हूँ, जिसने मेरे जीवन स्तर को पूरी तरह से नई ऊँचाई पर पहुँचा दिया है। यह ऐसा है कि जैसे आप अभी, यहीं अपने सपनों का जीवन जी रहे हों। मैं आपको खुले दिल और दिमाग़ से अपने पीडीए पर नए सिरे से विचार करने के लिए आमंत्रित करता हूँ।

हालाँकि हममें से अधिकांश लोग अपने रिचुअल को सुखी और सफल जीवन का मार्ग मानते हैं, लेकिन मुझ पर विश्वास करें, एक बार जब आप जीवन से प्यार करना शुरू कर देते हैं और चेतना के साथ जीवन जीना

शुरू कर देते हैं, तो यही रिचुअल एक अच्छे जीवन का दैनिक उत्सव बन सकते हैं। आपका मार्ग आपकी मंज़िल बन सकता है। सोचिए क्या होगा यदि आप अपने पीडीए को केवल अपने लक्ष्यों को प्राप्त करने के साधन के रूप में नहीं देखते हैं बल्कि आपके पीडीए स्वयं लक्ष्य बन जाते हैं?

जरा कल्पना करें, यदि आप अपने दैनिक कार्यों में उतनी ही ख़ुशी पा सकें जितनी आपको अंतिम परिणामों में मिलती है, तो आप अपने जीवन की गुणवत्ता को कितना ऊपर उठा सकते हैं। आप पीडीए या रिचुअल करते क्यों हैं? – ताकि आप अपने मनचाहे जीवन का निर्माण कर सकें। क्या होगा अगर आपके रिचुअल ही वह जीवन बन जाएँ जो आप वास्तव में चाहते हैं। लोग रोज़ जिम क्यों नहीं जा पाते क्योंकि एक समय ऐसा आता है जब जिम जाना सज़ा जैसा लगने लगता है। क्या होगा अगर आप जिम जाने को अच्छी ज़िंदगी जीने के उत्सव के रूप में देखने लगें। आप सोचें की रोज़ जिम जाना एक जश्न के जैसा है और जैसे-जैसे आप दिन-ब-दिन जिम जाते रहेंगे, जश्न और बड़ा होता जाएगा।

10 करोड़ कमाने और पोर्शे कार चलाने के बाद भी, आप ज़्यादातर समय घर का बना खाना खाएँगे, अपने कार्यालय में कुछ काम करेंगे, वर्कआउट, ध्यान, कृतज्ञता, शौक पूरे करेंगे और अपने परिवार के साथ गुणवत्तापूर्ण समय बिताएँगे। क्यों ना आप इनमें से अधिक से अधिक चीज़ों को अभी अपने दैनिक रिचुअल में इस तरह से शामिल करें कि आपके जीवन का हर दिन भविष्य में नहीं बल्कि अभी ही एक उत्सव बन जाए। मेरा विश्वास करें जैसे-जैसे आप अपने दैनिक जीवन में अधिक से अधिक ऐसी गतिविधियों को शामिल करना शुरू करेंगे, आप अभी अपने सपनों का जीवन जीना शुरू कर देंगे। यदि आप अपने हर दिन को जीवन की तैयारी के लिए नहीं बल्कि अपना जीवन जीने के अवसर के रूप में देखना शुरू कर दें तो यह बहुत मुश्किल नहीं है। अपने जीवन में कुछ और कृतज्ञता, चेतना और सही दृष्टिकोण जोड़ें और आप यहीं, अभी अपने लिए अपने स्वर्ग का निर्माण कर लेंगे।

कभी-कभी हम जो सबसे लंबी यात्रा करते हैं वह हमारे सिर से हृदय तक के सोलह इंच की होती है।

– ऐलेना अविला

आइए अभी एक गतिविधि करें जिसे मैं कहता हूँ – अभी अपने स्वर्ग का निर्माण–

अभी अपने स्वर्ग का निर्माण

1.	एक सूची बनाएं कि बेहद कामयाब होने और अपने सपनों को हासिल करने के बाद आप अपनी दिनचर्या में क्या क्या शामिल करेंगे।
2.	इस सूची में ऐसी कौन सी चीजें हैं, जो आप अभी भी कर सकते हैं?
3.	क्या आप इनमें से कुछ चीजों को अपनी दिनचर्या में अभी से, किसी भी तरह से शामिल करना शुरू कर सकते हैं? जब आपके पास एक टॉप मॉडल हार्ले डेविडसन बाइक होगी तो आप उस पर लॉन्ग ड्राइव पर जा सकते हैं, लेकिन आपके पास अभी जो भी स्कूटर है, क्या आप उस पर लॉन्ग ड्राइव पर जा सकते हैं? उससे शुरुआत क्यों नहीं? वैसे भी ड्राइव वही रहने वाली है।
4.	अब बस अपनी आंखें बंद करें, अपना हाथ दिल पर रखें और 11 गहरी सांसें लें। अब सोचिए जब आप खुद को अपनी दिनचर्या में ये कुछ काम करते हुए देखेंगे तो कैसा महसूस करेंगे।
5.	अभी ही तय कर लें कि आज से आप इनमें से कौन सी गतिविधियों को अपनी दिनचर्या में शामिल करने जा रहे हैं।

मैं आपसे यह उपरोक्त अभ्यास अभी करने का आग्रह करता हूँ। कृपया याद रखें, अपने लक्ष्यों के लिए काम करने के लिए आपके पास हर दिन 24 घंटे हैं। आप जो पसंद करते हैं उसे करने के लिए हर दिन 30-60 मिनट अलग क्यों नहीं रख सकते? मेरा विश्वास करें कि आपके लक्ष्य प्राप्ति में इन 30 मिनटों के कारण कोई कमी नहीं आएगी, बल्कि मेरा दृढ़ विश्वास है कि ये 30 मिनट आपके दिन के शेष 1390 मिनटों में अधिक जुनून, ऊर्जा, जीवन और उत्पादकता जोड़ देंगे। इसे आज़माएँ और मुझे अपना अनुभव मेरे इंस्टाग्राम या support@deepakbajaj.biz पर बताएँ।

परम आनंद की प्राप्ति की कला ना केवल लक्ष्यों का पीछा करने
के रोमांच का अनुभव करने की क्षमता है,
बल्कि हर लम्हे को जीने का जादू और वास्तव में जीवित
महसूस करने का बेलगाम हर्ष भी है।

– टोनी रॉबिंस

2. आपके घर और कार्यस्थल की जगह

आपके कार्य डेस्क, आपकी डाइनिंग टेबल, आपका रहने की जगह और आपके आस-पास के अन्य स्थान तुरंत आपकी प्राथमिकताओं, सफलता के स्तर, स्वास्थ्य और आपके जीवन की समग्र गुणवत्ता का संकेत देते हैं। आपके आस-पास की जगह सबसे बड़े निर्धारकों में से एक है कि आप अपने दैनिक पीडीए को पूरा करने में सक्षम होंगे या नहीं। आपका स्थान या तो आपके लिए अपनी अच्छी आदतों का लगातार अभ्यास करना आसान बना देगा या इसे संघर्षपूर्ण बना देगा। आप अपने आस-पास सशक्त वातावरण के बिना अपनी अच्छी आदतों में स्वचालितता प्राप्त नहीं कर सकते।

इस बात के प्रति सचेत होना शुरू करें कि आपके आस-पास की जगहें आपके व्यवहार को कैसे प्रभावित कर रही हैं और एक बार जब आप इस प्रभाव को नोटिस करना शुरू कर दें, तो अपने वातावरण को फिर से डिज़ाइन करना शुरू करें ताकि मनचाहे व्यवहार आपके लिए सामान्य हो जाए। यहाँ नीचे आपके स्थान में आसानी से किए जा सकने वाले छोटे बदलावों के कुछ उदाहरण दिए गए हैं जो अच्छी आदतें बनाने में आपके सामने आने वाले कुछ संघर्षों को कम कर सकते हैं -

- यदि आप किसी कैफ़े या रेस्तरां में बैठ कर काम कर रहे हैं और आप कैफ़े में अन्य ग्राहकों और आगंतुकों से ध्यान भटकाना नहीं चाहते हैं, तो दीवार के बगल में एक टेबल चुनें और कैफ़े के सबसे दूर कोने में दीवार की ओर मुँह करके बैठें।
- यदि आप नहीं चाहते कि किसी महत्त्वपूर्ण प्रोजेक्ट पर काम करते समय कोई आपको परेशान करे, तो अपने केबिन के बाहर डू नॉट डिस्टर्ब साइनबोर्ड लगाएँ।
- यदि आप अधिक पानी पीना चाहते हैं तो जहाँ भी बैठें वहाँ पानी की बोतलें या गिलास रखें।
- यदि आप चिप्स, बिस्कुट और अन्य अस्वास्थ्यकर स्नैक्स खाने से बचना चाहते हैं, तो इसे अपनी डाइनिंग टेबल पर फलों और स्वस्थ स्नैक्स से बदलें।
- यदि आप अगले 45 मिनट तक अपना फ़ोन नहीं देखना चाहते हैं,

तो इसे अपने से दूर एक दराज में रखें। यदि दराज काम नहीं करती है तो उसे अलग कमरे में रखें।

- यदि आप घर पहुँचते ही नेटफ़्लिक्स नहीं देखना चाहते हैं, तो या तो नेटफ़्लिक्स सब्स्क्रिप्शन रद्द कर दें या रिमोट को एक अलग कमरे में रखें। अपने टीवी और होम थियेटर सिस्टम के तारों को प्लग से निकल दें ताकि आपको जब भी नेटफ़्लिक्स देखना हो आपको सारी तारों को फिर से अपनी अपनी जगह लगाना पड़ेगा।

यदि आपको लगता है कि आप अक्सर बिना सोचे समझे ख़रीदारी कर लेते हैं और आवेग में ऐसी चीज़ें ख़रीद लेते हैं जिन्हें लेकर बाद में पछताते हैं, तो आपको अपने फ़ोन से अमेज़ॉन, फ़्लिपकार्ट या अन्य ई-कॉमर्स शॉपिंग मोबाइल एप हटा देने चाहिए। इन एप पर अपने पासवर्ड और क्रेडिट कार्ड विवरण सेव ना करें ताकि हर बार जब आपको कुछ भी खरीदने की ज़रूरत हो, तो आपको फिर से लॉगिन करना पड़े और अपना क्रेडिट कार्ड विवरण दोबारा दर्ज़ करना पड़े।

कृपया याद रखें, अपने पीडीए करना आपकी ज़िम्मेदारी है और यदि आपका वातावरण यह निर्धारित करने में बड़ी भूमिका निभाता है कि आप वास्तव में उन्हें करेंगे या नहीं, तो क्यों ना सचेत रूप से अपना वातावरण इस तरह डिज़ाइन करें जोकि आपके पीडीए करने को आसान बना दे। मैं दोहराना चाहता हूँ कि जो चीज़ें सबसे ज्यादा मायने रखती हैं उन्हें कभी भी भाग्य या इच्छाशक्ति की दया पर नहीं छोड़ा जाना चाहिए। इस युद्ध को इच्छाशक्ति के बल पर जीतने का प्रयास मत करो; शक्ति रिचुअल और सहायक वातावरण का उपयोग करें। नई आदतें बनाने के लिए नंबर एक नियम याद रखें - जो भी व्यवहार आप बार-बार करना शुरू करना चाहते हैं, उसे आसान, आकर्षक और फ़ायदेमंद बनाएँ।

आत्म-अनुशासन एक खेती करने के काम जैसा है।
इसके लिए आपको आज के कार्यों को कल के परिणामों से जोड़ना होगा।
बुआई का भी मौसम होता है और कटाई का भी मौसम होता है। आत्म-अनुशासन आपको यह जानने में मदद करता है कि कौन सा क्या है।

– गैरी रयान ब्लेयर

3. दैनिक निगरानी प्रणाली

सफलता के वातावरण के आपके शस्त्रागार में एक और शक्तिशाली टूल जिसे अक्सर नजरअंदाज़ कर दिया जाता है और जिस की हँसी उड़ाई जाती है वह है दैनिक निगरानी। मॉनिटरिंग में आप कुछ नहीं करते हैं सिर्फ़ देखते और नोट करते हैं, लेकिन इस छोटे से काम में ताक़त बहुत है। और यह इतना सरल है कि अधिकांश लोगों को लगता है कि इसे करने से कोई फ़ायदा हो ही नहीं सकता। इस नियम को याद रखें – जिस चीज़ को नापा जा सकता है, उसमें सुधार किया जा सकता है। यदि आप किसी चीज़ या काम को नाप ही नहीं सकते या यदि आप इसे नापते नहीं हैं, तो आपको कैसे पता चलेगा कि आप प्रगति कर रहे हैं या नहीं। यदि आप इस बारे में स्पष्ट नहीं हैं कि आप प्रगति कर रहे हैं या नहीं, तो आप नहीं जानते कि यात्रा जारी रखनी है या नहीं। इसलिए निगरानी महत्त्वपूर्ण है।

यदि आप कभी वज़न घटाने के लिए किसी आहार विशेषज्ञ (डाइटेशियन) के पास गए हों, तो जो सबसे पहली चीज़ जो वे आपसे करने के लिए कहते हैं, वह है वज़न मापने का पैमाना ख़रीदना और हर दिन अपना वज़न लिखना। आप मधुमेह या विटामिन की कमी के साथ डॉक्टर के पास जाते हैं और पहली चीज़ जो वे आपसे करने के लिए कहते हैं वह है संख्याओं की निगरानी करते रहना। आपके दैनिक रिचुअल के लिए भी ऐसा ही।

अपने लक्ष्य की दिशा में प्रगति को सक्रिय रूप से पहचानने से अंततः आपको प्रेरणा मिलेगी और आप और भी अधिक प्रयास करेंगे।

– डेंज़ेल जे. वेलिंगटन

यदि आप वास्तव में बदलाव लाना चाहते हैं तो हर दिन अपने नंबरों को नापना शुरू करिए। अपने रिचुअल को संख्याओं के साथ तय करें और फिर हर दिन अपने फ़ोन पर या काग़ज़ की शीट पर उसकी निगरानी करें। आप इसे हैबिट ट्रैकर पर किसी प्रिंटेड हार्ड कॉपी में या मोबाइल एप पर कर सकते हैं। आप स्वयं भी किसी नोटबुक पर अपना दैनिक पीडीए ट्रैकिंग सिस्टम बना सकते हैं।

हमने सपनों से हक़ीक़त 5 कदमों में जर्नल एवं वर्कबुक में भी आपके लिये कुछ ख़ास हैबिट ट्रैकर्स प्रिंट करवाये हैं।

यहाँ नीचे दैनिक गतिविधियों के कुछ उदाहरण दिए गए हैं जिनकी निगरानी लोग आम तौर पर अपने व्यक्तिगत पीडीए के आधार पर करते हैं-

- कितने मिनट तक कार्डियो व्यायाम, दौड़ या तैराकी की
- आपके द्वारा किए गए पुश अप्स की संख्या
- आपके द्वारा पढ़े गए पृष्ठों की संख्या
- आपके द्वारा की गई नई कोल्ड कॉल्स की संख्या
- नई सेल्ज़ या कांट्रैक्ट्स की संख्या
- नई क्लाइयंट मीटिंग्स की संख्या
- आपकी साप्ताहिक मीटिंग में भाग लेने वाले लोगों की संख्या
- कितने मिनट आपने नेटफ़्लिक्स देखा
- आपकी टीम में शामिल होने वाले नए लोगों की संख्या
- प्रत्येक इंस्टाग्राम रील पर आपको मिलने वाले व्यूज की संख्या
- नए यूट्यूब फ़ॉलोअर्स की संख्या
- आपके ईमेल न्यूज़लेटर से जुड़ने वाले नए लोगों की संख्या और भी बहुत सारे

इसलिए तय करें कि आप क्या हासिल करना चाहते हैं, इसे दैनिक शक्ति रिचुअल्ज़ के साथ करें और हर दिन इसकी निगरानी करें।

यदि आप बड़ी चीज़ों में उत्कृष्टता हासिल करने जा रहे हैं, तो आपको छोटी चीज़ों में आदत विकसित करनी होगी। उत्कृष्टता कोई अपवाद नहीं है, यह एक लगातार होने वाला दृष्टिकोण है।

– कॉलिन पॉवेल

4. पावर ग्रुप

हम बचपन से ही यह सुनते आ रहे हैं कि हमारी संगत ही हमारा भाग्य तय करती है। हमारे माता-पिता और शिक्षकों ने हमें बुरी संगति से बचाने के

लिए हर संभव प्रयास किया। अब यह शराब पीने या सिगरेट पीने या परीक्षा में अच्छे ग्रेड नहीं पाने के बारे में नहीं है, यह हमारे जीवन और हमारे सपनों के बारे में है। हमें इस बात को लेकर बहुत सावधान रहना चाहिए कि हम अपना समय किसके साथ बिताते हैं। पावर ग्रुप उन लोगों का एक समूह है जिनके साथ हम अपना अधिकांश समय बिताते हैं। यह उन लोगों का समूह है जिनके साथ हम व्यावसायिक विचारों, चुनौतियों, नए अवसरों और तीव्र विकास की रणनीतियों पर विचार-मंथन करते हैं। हमारे करियर में पावर ग्रुप की भूमिका हमारे निजी जीवन में हमारे परिवार की भूमिका के समान है।

यदि आप नियमित रूप से 5 करोड़पतियों के साथ समय बिता रहे हैं, तो आप निश्चित रूप से छठवें करोड़पति होंगे। यदि स्वस्थ भोजन और काम एवं जीवन में संतुलन आपके समूह में सामान्य बातचीत है, तो आप स्वाभाविक रूप से अच्छा खाने और अपने जीवन का उतना ही ख़याल रखने लगेंगे जितना आप अपने काम का ध्यान रखते हैं। यदि आपके समूह में हर कोई बड़े विकास, नए अवसरों, अपनी सीमाएँ बढ़ाने और नवीनीकरण की बात करता है, तो आप भी स्वचालित रूप से इसी तरह सोचना शुरू कर देंगे।

एक जगह ऐसी है जहाँ आपको बिना कोई समझौता किए हुए अपने लिए उच्चतम कोटि के मानक रखने की आवश्यकता है वह यह है कि आप किसे अपने शक्ति समूह में शामिल होने की अनुमति देते हैं।

– दीपक बजाज

कृपया यह बहाना नहीं बनाएँ कि मैं छोटी आय वाला एक मध्यमवर्गीय व्यक्ति हूँ, मैं करोड़पतियों के शक्तिशाली समूह में कैसे शामिल हो सकता हूँ। कृपया अपना वादा याद रखें जो आपने इस पुस्तक के अध्याय 3 में किया था कि आप ईबीसी वायरस से दूर रहेंगे – कोई बहाना नहीं, किसी को दोष लगाना नहीं और किसी के बारे में कोई शिकायत नहीं। ग़रीब होने का मतलब केवल बैंक खाते में कम पैसा होना है, लेकिन आप एक ऐसे व्यक्ति हो सकते हैं जो दृष्टिकोण, व्यक्तित्व, विचारों, जुनून, सपनों और

कार्य नैतिकता से समृद्ध है। इन लक्षणों का किसी के बैंक बैलेंस से कोई लेना-देना नहीं है।

आप जहाँ भी हों और जो कुछ भी करते हों, आपको उस उद्योग और उस क्षेत्र में हमेशा ऐसे लीडर और ऊँचे सपने देखने वाले मिल सकते हैं जो आपके जैसे संस्कार रखने वाले किसी व्यक्ति की संगत को महत्त्व देंगे। आपको बस उन्हें ढूंढ़ने की ज़रूरत है। साथ ही यह भी ज़रूरी नहीं है कि जो शक्ति समूह आज आपके पास है, आप जीवन भर उसी के साथ जुड़े रहेंगे। जैसे-जैसे आप विकसित होते रहेंगे, आपके शक्ति समूह भी विकसित होते रहेंगे।

कृपया याद रखें कि बात सिर्फ़ यह नहीं है कि आप अपने शक्ति समूह में किसे चाहते हैं; बात यह भी है कि क्या वे लोग भी आपको अपने पावर ग्रुप में रखना पसंद करेंगे। इसलिए आप उस शक्ति समूह में नहीं होंगे जैसा आप चाहते हैं, बल्कि आप उस शक्ति समूह में होंगे जैसे आप हैं। इसलिए आप अपने शक्ति समूह में जो भी गुण चाहते हैं, आपको वही या कम से कम उनमें से कुछ को अपने दैनिक जीवन में प्रदर्शित करने की आवश्यकता है। अपने आप को बेहतर बनाने के लिए लगातार काम करते रहें ताकि आप शक्तिशाली लोगों को आकर्षित करें और शक्तिशाली लोग आपकी ओर आकर्षित हों।

यह तय करते समय कि कौन आपके पावर ग्रुप का हिस्सा होना चाहिए, साइमन टी बेली की इन पंक्तियों को याद रखें - *"अपने आंतरिक दायरे का विस्तार करते समय उन लोगों को शामिल करें जो आपकी सोच को चुनौती दे सकते हैं और आपको सफलता की अज्ञात ऊँचाइयों तक ले जा सकते हैं।"* लक्ष्य सरल है - आपको एक ऐसे समूह में शामिल होना चाहिए जहाँ आपका वांछित व्यवहार एक सामान्य व्यवहार है। यदि आपने वास्तव में एक शक्ति समूह चुना है, तो आप पहले कुछ दिनों तक असहज महसूस कर सकते हैं। यह स्वाभाविक है क्योंकि विकास हमेशा आराम क्षेत्र से बाहर होता है और जो कुछ भी आपको चुनौती नहीं देता वह आपको कभी नहीं बदलेगा। लेकिन सही लोगों के साथ की गई बातचीत हमेशा आपके चेतन और अवचेतन मन पर सबसे गहरा प्रभाव डालेगी और आपको बिलकुल नया इंसान बना देगी। मैं आपके शक्ति समूहों के साथ आपकी बातचीत और परिवर्तनों की कहानियाँ सुनने के

लिए बहुत उत्साहित हूँ। अपने विचार, अंतर्दृष्टि और परिवर्तन मेरे साथ support@deepakbajaj.biz या मेरे इंस्टाग्राम अकाउंट – कोच दीपक पर मुझे भेजें।

Instagram - coachdeepak

आप कभी भी अपने आंतरिक दायरे से बेहतर प्रदर्शन नहीं करेंगे।

– जॉन वुडन

5. आपके जीवन के सभी प्रमुख क्षेत्रों में मार्गदर्शक

क्या आपको अपने स्कूल या कॉलेज का कोई उदाहरण याद है जहाँ आप एक शिक्षक के सभी प्रयासों के बावजूद किसी अध्याय को समझने में सक्षम नहीं थे, लेकिन दूसरे शिक्षक ने वही बात समझाई और आपको वह बात तुरंत समझ में आ गई। आपने ना केवल उस समय इस विचार को समझा, बल्कि उनमें से कुछ विचारों को आप आज तक नहीं भूले हैं। यह हमारे जीवन में सही शिक्षकों या गुरुओं की शक्ति है।

क्या आप कभी जिम गए हैं और किसी ट्रेनर के साथ वज़न उठाया है? अगर आपकी क्षमता 40 किलो वज़न उठाने की है, तो आपका ट्रेनर पहले आपको और वज़न उठाने के लिए प्रोत्साहित करेगा, फिर आपकी हाँ का इंतज़ार किए बिना ही वह तुरंत बार पर 10 किलो अतिरिक्त वज़न डाल देगा और आपको उठाने का संकेत देगा। हर समय जब आप वह अतिरिक्त वज़न उठा रहे होते हैं, तो वह अपने हाथ बार के नीचे रखता होगा, ताकि वो आपकी मदद कर पाए अगर आप उस अतिरिक्त वज़न को नहीं उठा पाएँ। मुझे पूरा विश्वास है कि आपने वह 10 किलो अतिरिक्त वज़न उठा लिया होगा, लेकिन अगर ट्रेनर ने आपको धक्का नहीं दिया होता, तो आप वह 25% अतिरिक्त वज़न उठाने की हिम्मत नहीं कर पाते। यह सही

मार्गदर्शकों की भूमिका है – हमें जो हम सोचते हैं उससे अधिक करने के लिए प्रोत्साहित करते हैं और वास्तव में यह सुनिश्चित करने के लिए हमारे साथ मौजूद रहते हैं कि हम अतिरिक्त प्रयास करें।

एक गुरु वह व्यक्ति होता है जो आपके अंदर उससे कहीं अधिक प्रतिभा और क्षमता देखता है, जो आप अपने अंदर देखते हैं और उसे आपमें से बाहर लाने में मदद करता है।

– बॉब प्रॉक्टर

स्कूल के दिनों में, किसी विशेष विषय में अच्छे ग्रेड प्राप्त करने के लिए एक सही सलाहकार महत्त्वपूर्ण था, लेकिन अब आपको एक महान जीवन और करियर को डिजाइन करने और प्राप्त करने के लिए भी सलाहकारों की आवश्यकता है। इसलिए, आपके जीवन में इस स्तर पर मार्गदर्शन अत्यंत आवश्यक है। एक गुरु आपके जीवन के हर क्षेत्र में आपके प्रदर्शन में बड़ा अंतर ला सकता है। सही गुरु आपको अधिक सपने देखने और अधिक हासिल करने के लिए प्रेरित कर सकता है। एक गुरु समस्याओं के घटित होने से पहले ही उनका पूर्वानुमान लगा सकता है और कठिन परिस्थितियों से निपटने में हमारी मदद कर सकता है। एक गुरु छुपे अवसरों की ओर भी हमारा मार्गदर्शन कर सकता है।

ऐसे सलाहकार खोजें जिन्होंने वो किया है जो आप करना चाहते हैं या फिर वो वहाँ पहुँच चुके हैं जहाँ आप जाना चाहते हैं। जिन्होंने ना सिर्फ़ किताबें पढ़ी हैं बल्कि मैदान में रहकर परिस्थितियों का डटकर सामना किया है। एक ही गुरु जीवन के विभिन्न क्षेत्रों में समान रूप से अच्छा नहीं हो सकता इसलिए जीवन के विभिन्न क्षेत्रों के लिए अलग-अलग गुरु चुनें। हो सकता है कि आपका आध्यात्मिक गुरु आपको वित्तीय या अन्य व्यावसायिक पहलुओं के बारे में सलाह देने में उत्कृष्ट नहीं हो। आपका स्वास्थ्य गुरु आपको भावनात्मक नियंत्रण पर सलाह देने में सक्षम नहीं हो सकता है। इसलिए अपने जीवन के विभिन्न क्षेत्रों के लिए अलग-अलग सलाहकार खोजें और आगे बढ़ते रहें। कभी-कभी आपके मित्र या परिवार के सदस्य आपके सलाहकार हो सकते हैं और कई बार आपको उस क्षेत्र में पेशेवर विशेषज्ञों की तलाश करने की आवश्यकता होती है।

लेकिन जैसे ही आप एक सलाहकार के साथ काम करना शुरू करते हैं, कृपया याद रखें कि सलाहकार (मेंटॉर) केवल एक परामर्शदाता या मार्गदर्शक होता है, वह वह काम नहीं कर सकता जो आपको करना चाहिए। आपका गुरु पिछली सीट पर बैठ सकता है लेकिन आपको अपनी कार स्वयं चलानी होगी। इसके अलावा, मेंटरिंग एक सतत प्रक्रिया है। 30 मिनट के एक सत्र के लिए किसी मेंटर के पास जाना और फिर अपनी उसी पुरानी स्थिति में वापस आ जाना और मेंटर को दोष देना उचित नहीं है। मार्गदर्शन एक दीर्घकालिक प्रक्रिया है जिसमें नियमित सुधार और समायोजन की आवश्यकता होती है। यदि आप वास्तव में बड़ा होना चाहते हैं, तो अपने गुरु के साथ हर महीने एक विस्तृत सत्र आयोजित करने की योजना बनाएँ।

औसत खिलाड़ी अकेले रहना चाहते हैं। अच्छे खिलाड़ी प्रशिक्षित होना चाहते हैं। महान खिलाड़ी सच सुनना चाहते हैं।

– डॉक्टर नदियाँ

6. व्यक्तिगत विकास प्रणाली

धीरे-धीरे बढ़ने से मत डरो, केवल स्थिर खड़े रहने से डरो।

– चीनी कहावत

यदि कोई एक चीज़ है जिसे आपको अपने जीवन में स्थिर रखना चाहिए, तो वह है निरंतर विकास। मेरा दृढ़ विश्वास है कि आप या तो बढ़ रहे हैं या मर रहे हैं। यदि आप विकास करना चाहते हैं तो आपको अपने जीवन और करियर के लिए एक ऐसी प्रणाली तैयार करने की आवश्यकता है जो यह सुनिश्चित करे कि आप लगातार आगे बढ़ रहे हैं, क्योंकि विकास संयोग से नहीं होता है, विकास के लिए योजना बनानी पड़ती है और फिर उस पर सावधानीपूर्वक अमल करने की आवश्यकता होती है। इसलिए व्यक्तिगत विकास प्रणाली बनाना नितांत आवश्यक है ताकि जब आप अपने सपनों के लिए तीव्रता से काम करने में व्यस्त हों, तो भी आपके व्यक्तिगत विकास की उपेक्षा नहीं हो।

मुझे व्यक्तिगत रूप से यह शब्द विकास पसंद है जो स्पष्ट रूप से दर्शाता है कि सफलता कोई क्रांति नहीं है बल्कि यह एक विकास है। आप एक दिन कुछ बड़ा नहीं कर सकते और परिवर्तन की उम्मीद नहीं कर सकते, आपको हर दिन छोटी लेकिन महत्त्वपूर्ण गतिविधियों पर काम करना होगा और फिर आप धीरे-धीरे ना केवल बाहर से बल्कि अंदर से भी विकसित होंगे। जैसे ही आप अपने व्यक्तिगत विकास के लिए काम करना शुरू करते हैं, कृपया अच्छे जीवन के उन 9 क्षेत्रों में से यदि सभी नहीं तो अधिकांश को शामिल करना याद रखें, जिनके बारे में मैंने अगले अध्याय में विस्तार से बताया है। एक क्षेत्र का दूसरे पर अतिव्यापी प्रभाव अल्पावधि में दिखाई नहीं दे सकता है, लेकिन अंततः वे सभी एक साथ काम करते हैं और आपको अपने सपनों का जीवन बनाने के लिए सशक्त बनाते हैं।

हम वही हैं जो हम बार बार करते हैं। तो।
उत्कृष्टता कोई कार्य नहीं बल्कि एक आदत है।

– अरस्तू

नीचे सात चीज़ें दे गई हैं जो आपकी व्यक्तिगत विकास प्रणाली का अभिन्न अंग होनी चाहिए –

जैसा कि यह शब्द ही दर्शाता है, विकास एक दिन या एक सप्ताह या महीने में नहीं होता है। यदि आप वास्तव में विकसित होना चाहते हैं तो आपको यह सुनिश्चित करना होगा कि आप ये सभी गतिविधियाँ नियमित रूप से कर रहे हैं। नए ज्ञान और कौशल के लिए आपको किताबें पढ़नी चाहिए और ट्रेनिंग कार्यक्रमों में भाग लेना चाहिए। यदि आप ऐसे व्यक्ति हैं जो पहले से ही बहुत सारी किताबें पढ़ चुके हैं और पहले से ही कई ट्रेनिंग कार्यक्रमों में भाग ले चुके हैं, तो आपको अच्छी चीज़ों को सुदृढ़ करने के लिए अभी भी अधिक किताबें पढ़नी चाहिए और अधिक ट्रेनिंग कार्यक्रमों में भाग लेना चाहिए जोकि आपके विकास की गति को पूरी तरह से बदल सकता है।

किसी पुस्तक, ट्रेनिंग वर्कशॉप या आपके गुरु का एक विचार आपके जीवन/करियर को तेज़ी से कई वर्ष आगे बढ़ा सकता है। याद रखें दोहराव सभी कौशलों की जननी है। इन सात गतिविधियों को अपने जीवन का इतना हिस्सा बना लें कि आपको इनमें से किसी भी काम को करने के लिए कोई अतिरिक्त प्रयास नहीं करना पड़े। यह स्वचालित रूप से होना चाहिए। आपके ख़ुशियों भरे निरंतर विकास के लिए मेरी ढेरों शुभकामनाएँ।

हर दिन कुछ ऐसा करें जो आपको बेहतर कल के क़रीब ले जाए।

– डौग फ़ायरबॉघ

7. मासिक विकास मूल योजना

यह एक और गेम चेंजर है जिसे शायद 99.99% लोग नजरअंदाज़ कर देते हैं। लोग योजनाएँ बनाने और कार्रवाई करने में बहुत अच्छे होते हैं, लेकिन जब उन कार्यों से मिलने वाले परिणामों का विश्लेषण करने की बात आती है, तो केवल कुछ ही लोगों में अपनी योजनाओं को दोबारा देखने और अपनी मूल योजना के साथ अपने प्रदर्शन की समीक्षा करने की जागरूकता होती है। यदि आप उस प्रणाली को विकसित कर सकते हैं, तो आप अपने उद्योग में शीर्ष कुछ लोगों की श्रेणी में होंगे।

दक्षता चीज़ों को सही तरीक़े से करने में है, प्रभावशीलता करने के लिए सही चीज़ों को चुनने में है और बड़ी सफलता तब मिलती है जब आप दोनों को संयोजित करने में सक्षम होते हैं।

– दीपक बजाज

कोई भी योजना जब बनाई जाती है तो वह पूर्ण नहीं होती। योजनाएँ इसलिए बनाई जाती हैं ताकि हम एक व्यापक दिशा के साथ शुरुआत करें और हमें तत्काल अगले क़दमों के बारे में पता हो। योजनाएँ हमें सही शुरुआत देती हैं लेकिन सिर्फ़ सही शुरुआत से मंज़िल हासिल नहीं होती। मंज़िल काम को सही तरीक़े से पूरा करने का अंतिम परिणाम है और यह तभी होता है जब आप अपनी योजनाओं की लगातार समीक्षा और संशोधन करते हैं। उस अर्थ में, योजना बनाना और कार्यान्वयन एक पुनरावृत्तीय प्रक्रिया है जो लगातार समानांतर रूप से होती रहती है। आप कुछ करते हैं, कुछ परिणाम प्राप्त करते हैं, परिणामों के आधार पर आप दिशा बदलते हैं, नए कार्य करते हैं और तब तक कार्यों और दिशाओं को समायोजित करते रहते हैं जब तक आप अपने लक्ष्य प्राप्त नहीं कर लेते।

जैसा कि मैंने इस पुस्तक में दोहराया है, जो कुछ भी महत्त्वपूर्ण है उसे सिस्टम के हिस्से के रूप में शामिल किया जाना चाहिए, इसलिए आपको मासिक समीक्षा को अपने विकास वातावरण का का एक अभिन्न अंग बनाने की आवश्यकता है। महीने में एक बार, आपको अपने द्वारा किए गए कार्यों के परिणामों की समीक्षा करने और आवश्यक समायोजन करने और अगले महीने के लिए नया मासिक विकास (मूल योजना) ब्लूप्रिंट बनाने की आवश्यकता है। जरा कल्पना करें कि मासिक ब्लूप्रिंटिंग के ऐसे 12 चक्रों के बाद आप एक साल के बाद कहाँ पहुँच जाएँगे।

आइए मैं इसे एसीई (ACE) नामक सूत्र के माध्यम से स्पष्ट करता हूँ

जैसा कि चित्र से पता चलता है, पहला क़दम उन चुने हुए कार्यों (पीडीए) को कुशलतापूर्वक करना है जो आपको अपने लक्ष्यों को प्राप्त करने के लिए सशक्त बनाएँगे। दूसरा क़दम उन कार्यों को करने की निरंतरता बनाए रखना है और तीसरा क़दम उन कार्यों की प्रभावशीलता की जाँच करके उन कार्यों के परिणामों की समीक्षा करना है। तीसरा चरण पूरा करने के बाद, अब नई स्पष्टता के साथ, अपने कार्यों में आवश्यक बदलाव करें ताकि आप परिणाम बेहतर और तेज़ी से प्राप्त कर सकें। और यह एसीई चक्र जारी रहेगा और आपको अपने खेल का शीर्ष खिलाड़ी बना देगा।

एसीई – मासिक विकास मूल योजना का मुख्य लक्ष्य उन चीज़ों को दोहराना है जो परिणाम दे रही हैं और उन चीज़ों को ख़त्म करना है जो परिणाम नहीं दे रही हैं ताकि आपको निवेश किए गए समय पर उच्चतम

रिटर्न मिल सके। कृपया याद रखें ग़लतियाँ आपको बुद्धिमान नहीं बनातीं। आप अपनी ग़लतियों से जो सीखते हैं, वही आपको बुद्धिमान बनाता है। और जब तक आप अपने कार्यों की समीक्षा और विश्लेषण नहीं करते तब तक आप सीख नहीं सकते। एसीई आपको महीने दर महीने और बेहतर बनाता जाएगा।

उत्पादकता कभी भी आकस्मिक नहीं होती। यह हमेशा उत्कृष्टता के प्रति प्रतिबद्धता, बुद्धिमान योजना और केंद्रित प्रयास का परिणाम होता है।

– पॉल जे. मेयर

अध्याय 5 की अविस्मरणीय सीख

- अपने लिए एक ऐसा वातावरण डिज़ाइन करें ताकि सफलता स्वचालित हो जाए, निरंतर विकास स्वाभाविक रूप से हो और सच्ची पूर्ति आपके जीवन का अभिन्न अंग बन जाए।
- जो भी महत्त्वपूर्ण है उसे कभी भी इच्छाशक्ति या संयोग की दया पर नहीं छोड़ना चाहिए, उन्हें रिचुअल में बदल दें और हर दिन करें।
- आप जिस तरह से एक काम करते हैं, उसी तरह आप हर काम करते हैं।
- अपने पीडीए या दैनिक रिचुअल को निर्धारित करते समय लोग जो एक बड़ी ग़लती करते हैं, वह यह है कि वे एक दिन में क्या कर सकते हैं, इसका अधिक अनुमान लगा लेते हैं। कृपया छोटे कार्यों से शुरुआत करना याद रखें। उन कार्यों को लगातार करके निरंतरता और आत्म-विश्वास का निर्माण करें और फिर लगातार कामों को बढ़ाते रहें।
- आप अपने आस-पास सशक्त वातावरण के बिना अपनी अच्छी आदतों में स्वचालितता प्राप्त नहीं कर सकते। आपका स्थान या तो आपके लिए अपनी अच्छी आदतों का लगातार अभ्यास करना आसान बना देगा या इसे संघर्षपूर्ण बना देगा।
- जिस चीज़ को नापा जा सकता है, उसमें सुधार किया जा सकता है।
- एक जगह ऐसी है जहाँ आपको बिना कोई समझौता किए हुए अपने लिए उच्चतम कोटि के मानक रखने की आवश्यकता है वह यह है कि आप किसे अपने पॉवर ग्रुप में शामिल होने की अनुमति देते हैं।
- एसीई (ACE) मासिक ग्रोथ ब्लूप्रिंटिंग का मुख्य लक्ष्य उन चीज़ों को दोहराना है जो परिणाम दे रही हैं और उन चीज़ों को ख़त्म करना है जो परिणाम नहीं दे रही हैं ताकि आपको निवेश किए गए समय पर उच्चतम रिटर्न मिल सके।

अध्याय 5 से अपनी सीख को मज़बूत करने के लिए अभ्यास

1. अपने सफलता वातावरण के सभी 7 घटकों का मूल्यांकन करें और 1–2 क्षेत्रों की पहचान करें जहाँ आपको अधिकतम सुधार की आवश्यकता है। एक सुधार योजना बनाएँ और उस पर काम शुरू करें।
2. कुछ चीज़ें लिखें जिन्हें आप अपने सुबह, दिन और रात के रिचुअल में शामिल करना चाहते हैं। जितना हो सके उतना विशिष्ट रहें और प्रत्येक रिचुअल के बारे में 4 प्रमुख प्रश्नों के उत्तर दें।
3. अभी अपने स्वर्ग का निर्माण गतिविधि को आज ही पूरा करें।
4. अपने घर और कार्यस्थल में विभिन्न स्थानों का ध्यानपूर्वक निरीक्षण करें और अपनी गतिविधियों और जीवनशैली में उनके प्रभाव की पहचान करें। अपने स्थानों को इस तरह डिज़ाइन करें कि वांछित व्यवहार/पीडीए करना आपके लिए आसान हो जाए।
5. अपनी व्यक्तिगत विकास प्रणाली की समीक्षा करें। शीर्ष 3 चीज़ें क्या हैं जो आप अपने व्यक्तिगत विकास के लिए लगातार कर रहे हैं? आप अपने व्यक्तिगत विकास से कितने संतुष्ट हैं? अगले 3 महीनों के लिए अपनी नई व्यक्तिगत विकास प्रणाली डिज़ाइन करें।

यहां स्कैन करें और सीधे मेरी वेबसाइट पर जाएं

www.deepakbajaj.biz

इन अभ्यासों को पूरा करने के लिए विस्तृत फ़ॉर्म सपनों से हक़ीक़त 5 क़दमों में जर्नल और वर्कबुक में उपलब्ध हैं।

आप इसे मेरी वेबसाइट www.depakbajaj.biz से प्राप्त कर सकते हैं या साइड में दिए क्यूआर (QR) कोड को स्कैन करके।

अच्छे जीवन के 9 प्रमुख क्षेत्र

सबसे बड़ा साहसिक कार्य जो आप कर सकते हैं वह है
अपने सपनों का जीवन जीना।

– ओपराह विन्फ्री

मेरा जन्म और पालन-पोषण एक ऐसी पारिवारिक स्थिति में हुआ जहाँ पैसे की कमी थी और बड़े होकर मेरा इकलौता सपना अपने परिवार के लिए आर्थिक आज़ादी (फ़ायनांशियल फ्रीडम) हासिल करना था। मैंने अपने एकल-दिमाग़ वाले फ़ोकस के साथ पैसा, कॉर्पोरेट विकास और बिज़नेस में सफलता का पीछा किया। मैंने हमेशा यह या वह की सोच के साथ काम किया। मैंने स्वास्थ्य या परिवार को पूरी तरह से त्याग नहीं दिया था, लेकिन जब भी हाथ में अधिक काम होता था तो मैं इसे टालता रहता था। मुझे कभी अहसास नहीं हुआ कि मैं यह और वह को मिलाकर भी एक अच्छा जीवन डिजाइन कर सकता हूँ।

मैंने निश्चित रूप से अपनी उम्मीद से कहीं ज़्यादा फ़ायनांशियल प्रचुरता हासिल की, लेकिन मैं भाग्यशाली रहा कि मुझे अपनी यात्रा के शुरू में ही अहसास हो गया कि वास्तविक सफलता को करियर में लगातार बढ़ती सफलता, गहरी संतुष्टि, सशक्त रिश्तों और स्थायी प्रभाव के संयोजन के रूप में परिभाषित किया जा सकता है। हालाँकि मैं बड़े पैसे, पद और सोशल मीडिया फ़ॉलोअर्स की चाहत का गहराई से सम्मान करता हूँ, लेकिन मैं निश्चित रूप से जानता हूँ कि अच्छे स्वास्थ्य, ख़ुशी, प्यार भरे रिश्ते, आध्यात्मिक संबंध और गहरी संतुष्टि को बनाए रखते हुए भी आप इसे पा सकते हैं। आपको बस इस विचार को अपने विश्वास तंत्र में फ़िट करने और जीवन के सभी क्षेत्रों के छोटे-छोटे कार्यों को अपने दैनिक कामों की लिस्ट में शामिल करते रहने की आवश्यकता है। और आपको पता भी नहीं चलेगा कि कब आप जीवन जीने के इस नए तरीक़े से प्यार करना शुरू कर देंगे।

इसे पूरा करने का सबसे अच्छा तरीक़ा जीवन के सभी 9 प्रमुख क्षेत्रों में समग्र प्रगति का लक्ष्य रखना है। मैं समझता हूँ कि जीवन के अलग-

अलग चरण होते हैं और इनमें से प्रत्येक चरण में, हमें कुछ क्षेत्रों को प्राथमिकता देने और उन पर अधिक ध्यान देने की ज़रूरत होती है और कुछ क्षेत्रों को पोस्टपोन करने की ज़रूरत होती है। इसलिए, जीवन के इन 9 प्रमुख क्षेत्रों में से प्रत्येक की प्राथमिकता और समय कभी भी हर दिन या हर महीने एक समान नहीं रहेगा, लेकिन यदि आप किसी अन्य क्षेत्र में भारी सफलता प्राप्त करने के नाम पर अपने जीवन के बाक़ी क्षेत्रों को पूरी तरह से नजरअंदाज़ कर देते हैं, तो आज या कल यह अन्य सभी क्षेत्रों पर प्रतिकूल प्रभाव डालना शुरू कर देगा और आपकी सफलता और पूर्ति को नष्ट कर देगा।

कृपया यह भी ध्यान दें कि, इन सभी 9 क्षेत्रों में सफलतापूर्वक संतुलित विकास हासिल करने के लिए आपको किसी विशेष मात्रा में धन, उम्र या पद की आवश्यकता नहीं है। आपको बस इस बात की जानकारी होनी चाहिए कि इन 9 क्षेत्रों में से प्रत्येक आपके जीवन के हर दूसरे क्षेत्र से कैसे गहराई से जुड़ा हुआ है और इनमें से प्रत्येक क्षेत्र में संतुलित विकास हासिल करने की आपकी गहरी इच्छा। अच्छे जीवन के ये 9 प्रमुख क्षेत्र नीचे दिए गए चित्र में दर्शाए गए हैं –

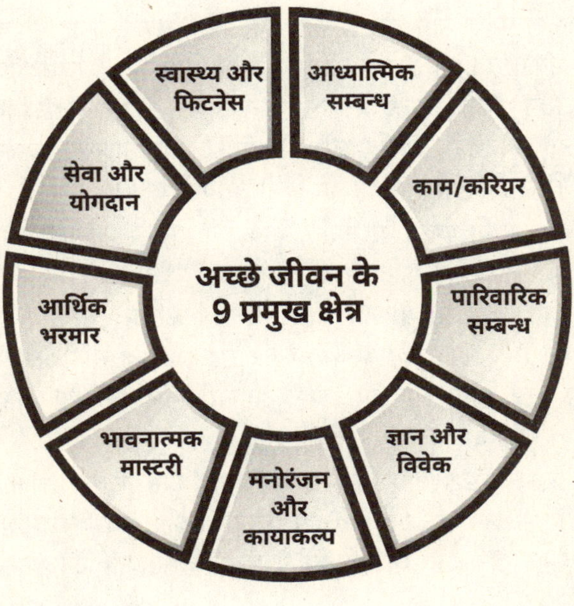

1. स्वास्थ्य एवं फ़िटनेस

शरीर को स्वस्थ रखना एक कर्तव्य है, अन्यथा हम अपने मन को मज़बूत और स्पष्ट नहीं रख पाएँगे।

– बुद्ध

अच्छा स्वास्थ्य वह बुनियाद है जिस पर अच्छे जीवन का निर्माण किया जा सकता है। एक फ़िट और स्वस्थ शरीर यह सुनिश्चित करेगा कि आप अच्छे दिखें, अच्छा महसूस करें और अच्छा काम करें। स्वस्थ शरीर के लाभ हमेशा शरीर से परे होते हैं। जब आप स्वस्थ होते हैं, तो आपके पास अधिक ऊर्जा होती है, आप तनाव और दबाव को बेहतर ढंग से प्रबंधित कर सकते हैं और आपके बीमार पड़ने की संभावना कम होती है। ऐसे कई अध्ययन हुए हैं जो दर्शाते हैं कि काम पर अनुपस्थिति का प्रमुख कारण बीमारी है। स्वस्थ लोग अधिक काम कर सकते हैं और बेहतर काम कर सकते हैं।

एक फ़िट और स्वस्थ शरीर पाने में एकमात्र चुनौती यह है कि अपने स्वास्थ्य के लिए सभी काम करने की ज़िम्मेदारी सिर्फ़ आपकी है। कोई और आपके लिए डम्बल नहीं उठा सकता। कोई और आपके लिए पौष्टिक खाना नहीं खा सकता हैं। यह आपके जीवन का एक ऐसा क्षेत्र है जिसे आप दूसरों को नहीं सौंप सकते। इसके अलावा यह एक ऐसा क्षेत्र है जहाँ नतीजे तुरंत नहीं मिलते और अप्रत्याशित लाभ भी नहीं होता। आपका स्वास्थ्य एक भंडार है जिसे आपको लगातार भरने की आवश्यकता है।

चिकित्सा विज्ञान में नई प्रगति, मार्केट में हेल्थ सप्लीमेंट्स की भरमार और अच्छे स्वास्थ्य के प्रति बढ़ती जागरूकता के साथ, हम सभी निश्चित रूप से लंबा जीवन जीएँगे। हमें केवल यह तय करना है कि हम बूढ़े कैसे होना चाहते हैं? अपने स्वास्थ्य का ध्यान रखने से यह सुनिश्चित होगा कि हमारी उम्र लंबी होगी और हम अपनी आख़िरी साँस तक अपने जीवन का आनंद लेते रहेंगे और जश्न मनाते रहेंगे।

अच्छा स्वास्थ्य और फ़िटनेस स्तर प्राप्त करने के लिए मूल रूप से आपको अपने खाने और गतिविधि पर ध्यान देने की आवश्यकता है। स्वस्थ पौष्टिक भोजन खाएँ और घटिया जंक फूड से बचें। अपनी दिनचर्या में 45-

60 मिनट का वर्कआउट शामिल करें और मूवमेंट को अपनी जीवनशैली का हिस्सा बनाएँ। आप योग, जिम, दौड़ना, तैरना, साइकिल चलाना, पिलेट्स या जो भी वर्कआउट आपको पसंद हो वह कर सकते हैं लेकिन रोजाना वर्कआउट करना जरूरी है।

यदि आप व्यायाम के लिए समय नहीं निकालते हैं, तो शायद आपको बीमारी के लिए समय निकालना पड़ेगा।

– रॉबिन शर्मा

यह दुखद है लेकिन सच है कि हम किसी भी चीज़ का तब तक महत्त्व नहीं समझते जब तक वह हमसे छीन नसहर ली जाए। अधिकांश लोगों के लिए, विशेषकर 30 या 40 वर्ष की आयु तक स्वस्थ जीवनशैली नहीं होने के बावजूद भी स्वास्थ्य में कोई ज़्यादा गिरावट नहीं होती है। हम सभी को अच्छे स्वास्थ्य का भंडार मिलता है और यदि हम इसकी भरपाई किए बिना इसका उपयोग जारी रखते हैं, तो एक दिन यह समाप्त हो जाएगा और फिर हम अपने स्वास्थ्य की उपेक्षा के प्रतिकूल प्रभावों को महसूस करना शुरू कर देंगे।

स्वस्थ विकल्प चुनने में सबसे बड़ी समस्या अच्छे या बुरे स्वास्थ्य के संकेतों का देर से दिखना है। जब आप एक स्वस्थ जीवन शैली का पालन करना शुरू करते हैं, तो अच्छे प्रभाव तुरंत दिखाई नहीं देते हैं, इसलिए लोगों को स्वस्थ आदतों से जुड़े रहने की प्रेरणा नहीं मिलती है। वहीं, जब आप जंक फूड खा रहे हैं, अपने स्वास्थ्य को नजरअंदाज़ कर रहे हैं और किसी भी तरह का व्यायाम नहीं कर रहे हैं, तो उनका असर भी कुछ महीनों या सालों के बाद ही दिखाई देगा। तत्काल लक्षणों की कमी के कारण लोग स्वास्थ्य को अपनी अंतिम प्राथमिकता बना देते हैं। याद रखें कि यदि आप अभी कुछ अतिरिक्त पैसे कमाने के लिए अपना स्वास्थ्य खो देते हैं, तो आपको अपना स्वास्थ्य कभी वापस नहीं मिलेगा, भले ही आप इसके लिए सारा पैसा ख़र्च कर दें।

अपने शरीर को स्वस्थ रखना पूरे ब्रह्मांड – पेड़, बादल, हर चीज़ के प्रति आभार करने की अभिव्यक्ति है।

– थिच नहत हान

2. आध्यात्मिक संबंध

जब भगवान आपकी तरफ़ है, तो इससे कोई फ़र्क़ नहीं पड़ता कि दूसरी तरफ़ कौन है।

एक ब्रह्मांडीय महाशक्ति है जो इस ब्रह्मांड को चला रही है। कुछ भी अपने आप नहीं हो रहा है। कुछ तो ऐसा है जो महासागरों, पहाड़ों, जंगलों और अनंत संख्या में लोगों और अन्य प्राणियों को एक सुंदर क्रम में एक साथ रखे हुए है। एक सर्वोच्च शक्ति है जो आपको और मुझे इस दुनिया में लाई है। लेकिन अपने प्रतिदिन के जीवन में, हम अन्य सभी रिश्तों को बनाए रखने में इतने व्यस्त हो जाते हैं कि हम अपने स्रोत, परम निर्माता से अपने संबंध को नजरअंदाज़ कर देते हैं।

आपको अपने निर्माता के साथ आध्यात्मिक संबंध के लिए हर दिन समय समर्पित करना चाहिए। आप इसे कुछ प्रार्थनाओं, ध्यान तकनीकों या बस चेतना के साथ चुपचाप बैठकर कर सकते हैं। आप यह सब खुद कर सकते हैं या यदि आपको लगता है कि आपको किसी गुरु या सलाहकार की आवश्यकता है तो आप उनका मार्गदर्शन भी ले सकते हैं। आप इसे कुछ संगीत के साथ या उसके बिना भी कर सकते हैं। आप इसे यूट्यूब (YouTube) पर उपलब्ध फ्री गाइडेड मेडिटेशन के साथ कर सकते हैं या कुछ मोबाइल एप आज़मा सकते हैं। सबसे महत्त्वपूर्ण हिस्सा अपने आध्यात्मिक संबंध को मज़बूत करने के लिए हर दिन अपना कुछ समय समर्पित करना है।

चाहे आपका धर्म, आस्था का स्थान या आस्था का व्यक्ति कोई भी हो, मैं आपको हर दिन समय समर्पित करने और उस महाशक्ति के साथ एक होने के लिए प्रोत्साहित करता हूँ। अपने अंदर उस शक्ति को महसूस करें। आप भी इस ब्रह्मांड का उतना ही हिस्सा हैं, जितना यह ब्रह्मांड आपका एक हिस्सा है। हम सभी एक साथ सद्भाव से रहते हैं और हर सपना कई अन्य लोगों के सपनों के साथ एकता में पूरा होगा। उस शक्ति पर भरोसा रखें और याद रखें कि जीवन आपको नहीं बल्कि आपके लिए हो रहा है। ब्रह्मांड के साथ एक हो जाओ। अपने लक्ष्यों को ब्रह्मांड को सौंप दें और विश्वास और स्वीकृति के साथ आगे बढ़ो।

जैसे-जैसे आप अपने स्रोत से अपना संबंध गहरा करेंगे, आप अधिक स्थिर, शांत और मज़बूत महसूस करेंगे। आप बेहतर निर्णय लेंगे, आप अधिक रचनात्मक होंगे और आपके काम को एक नई चमक और गुणवत्ता मिलेगी।

आध्यात्मिक संबंध का उच्चतम लक्ष्य आपको वास्तविक जीवन में उतना ख़ुश बनाना है जितना आप इंस्टाग्राम पर दिखते हैं।

– दीपक बजाज

3. काम/करियर

आपका काम आपके जीवन का एक बड़ा हिस्सा भरने वाला है, और वास्तव में संतुष्ट होने का एकमात्र तरीक़ा वह काम करना है जिसे आप महान काम मानते हैं।

– स्टीव जॉब्स

हमारा काम दैनिक जीवन का एक अनिवार्य हिस्सा है और हम अपने जागते हुए समय का अधिकांश हिस्सा काम पर बिताते हैं। इसलिए, यदि आप अपने कार्यस्थल पर ख़ुश, मानसिक रूप से प्रेरित, टीम के साथियों से जुड़े हुए और अपने सच्चे मूल्यों से जुड़े हुए महसूस नहीं करते हैं, तो आप संतुष्टि का जीवन नहीं जी सकते हैं। संक्षेप में, आपके काम से आपका रिश्ता आपके जीवन की गुणवत्ता निर्धारित करता है।

मैंने अपना प्रोफ़ेशनल करियर 2003 में एक ऑटोमोबाइल मल्टी-नैशनल कंपनी के सेल्स विभाग में कॉर्पोरेट सीढ़ी के सबसे निचले स्तर पर शुरू किया। मूल सिद्धांतों का पालन किया और 25 साल की उम्र में सबसे कम उम्र के क्षेत्रीय मैनेजर्स में से एक बन गया और 4 राज्यों के लिए सेल्स, मार्केटिंग और संचालन के प्रमुख के रूप में डीलरों और कंपनी के अधिकारियों की एक टीम का नेतृत्व किया। 2007-2018 तक रिकॉर्ड तोड़ डायरेक्ट सेलिंग बिज़नेस किया, जहाँ मैंने कमीशन इनकम मॉडल पर लाखों स्वतंत्र डायरेक्ट सेलर्स की टीम का नेतृत्व किया। 2018 में अपनी खुद की ट्रेनिंग और कंसल्टिंग कंपनी शुरू की। 4 किताबें लिखी हैं जिनका

9 भाषाओं में अनुवाद किया गया है और 2.2 मिलियन लोगों का सोशल मीडिया समुदाय है। इसके साथ ही जनवरी 2024 में अपनी सोशल मीडिया और डिजिटल मार्केटिंग कंपनी शुरू की।

विभिन्न भूमिकाओं और विभिन्न मॉडलों में काम करने के इन सभी वर्षों ने मुझे सिखाया है कि कोई नौकरी या ख़ास काम जो हम करते हैं वह हमारी सफलता या खुशी को परिभाषित नहीं करता है, यह हमारे काम के साथ हमारा रिश्ता है जो पूरी तरह से हमारी सफलता और संतुष्टि को निर्धारित करता है। मेरी भूमिका और ज़िम्मेदारियाँ कोई भी रही हों, मैं कुछ सिद्धांतों का पालन मेरे काम के दौरान हमेशा से करता रहा हूँ, जिससे मुझे अपने करियर के हर चरण में सफलता और संतुष्टि मिली है। मैंने अगले कुछ पन्नों में आपके काम के साथ आपके रिश्ते को परिभाषित करने के लिए प्रमुख मूल्यों के रूप में उन्हीं 6 सिद्धांतों को साँझा किया है।

वह काम चुनें जो आपको पसंद हो, और आपको अपने जीवन में कभी भी एक दिन भी काम नहीं करना पड़ेगा।

–कन्फ़्यूशियस

मैंने हज़ारों ऐसे लोगों के साथ काम किया है, जो अच्छा पैसा कमाने के बावजूद हमेशा दुखी और परेशान रहते हैं और ऐसे भी बहुत सारे लोग जो काम में हमेशा ख़ुश रहते हैं और अतिरिक्त घंटे भी काम करते हैं, भले ही उनका वेतन उतना अच्छा नहीं था। मैंने अपनी कंपनियों में ऐसे बहुत से लोगों को देखा है, जो पहले दिन से ही ख़ुश हैं और नई चुनौतियों और ज़िम्मेदारियों को लेने के लिए हमेशा उत्साहित रहते हैं। वहीं ऐसे भी कई लोग हैं जो चाहे कितना भी पैसा कमा लें या काम पर कितना भी सम्मान पा लें, हमेशा उदास और तनावग्रस्त ही दिखते हैं।

आपके बॉस आपको के.आर.ए. दे सकते हैं, लेकिन आपके काम की गुणवत्ता और आपको मिलने वाली संतुष्टि एक ऐसी चीज़ है, जिसे आपको ख़ुद ही बनाना पड़ेगा। पिछले कुछ वर्षों में ऐसे लोगों का प्रतिशतता तेज़ी से बढ़ रहा है जो अपने कामकाजी जीवन से संतुष्ट नहीं हैं। ऐसा इसलिए नहीं है, क्योंकि अवसर कम हैं; ऐसा इसलिए है, क्योंकि लोग अपने काम के साथ सही संबंध स्थापित नहीं कर पाते हैं। जिनका अपने

काम के साथ अच्छा रिश्ता है वे ही अपनी कंपनी में टॉप पर पहुँचेंगे। आपके काम के साथ आपका रिश्ता आपके काम के साथ आपके मूल्यों के सरेखण से निर्धारित होता है। यहाँ कुछ मूल्य दिए गए हैं जिनका उपयोग आप अपने काम के साथ अपने संबंधों को परिभाषित और मूल्यांकन करने के लिए कर सकते हैं। यह उन गुणों की सूची है जो आपको अपने करियर में हमेशा आगे बनाए रखेंगे।

1. जवाबदेही

यदि आपने कुछ करने का वादा किया है, तो आप उसे बिना किसी रिमाइंडर के करेंगे और आप उसमें बहुत अच्छा काम करेंगे। यदि आपने उस दिन उस समय तक कुछ सेल्स या परियोजना या रिपोर्ट देने की प्रतिबद्धता जताई है, तो आपको अपनी प्रतिबद्धता का सम्मान करना चाहिए। हर बार जब आप अपनी प्रतिबद्धता का सम्मान करते हैं, तो आपकी प्रतिष्ठा बढ़ती है और हर बार जब आप अपनी प्रतिबद्धता में असफल होते हैं, तो आप अपनी अच्छी प्रतिष्ठा खो देते हैं। और आप अपने करियर में ऊपर उठते हैं या नीचे गिरते हैं, इसका सीधा संबंध आपकी प्रतिष्ठा से है।

2. समाधान देना, समाचार नहीं

यदि सेल्स कम है, तो हर कोई इसे जानता है। आपको यह ख़बर लाने की ज़रूरत नहीं है। अगर आपको कोई बात सामने रखनी चाहिए वह इस बात की गहरी जानकारी है कि सेल्स कम क्यों हो रही हैं और हम इसे कैसे वापस ला सकते हैं। आपको रचनात्मक होने और नए समाधान खोजने की आवश्यकता है। समाधान देने वाले लोग किसी भी टीम में सबसे अधिक वेतन पाने वाले लोग होते हैं।

टीम में कुछ अन्य सदस्य भी हैं जिनके पास हर बात का एक ही जवाब है- हम इस पर काम कर रहे हैं। उनका काम कभी पूरा ही नहीं होता। लाखों लोगों के साथ काम करने के बाद मुझे अहसास हुआ कि किसी भी टीम या कंपनी में केवल दो तरह के लोग होते हैं एक जो परिणाम देते हैं और दूसरे जो बहाने बनाते हैं। इसलिए कभी भी बहाना नहीं बनाएँ और अगर आपकी टीम में कोई ऐसा व्यक्ति है जो हमेशा बहाने बनाने के लिए तैयार रहता है, तो जितनी जल्दी हो सके उसे बदल दें।

आप रचनात्मक समाधान कैसे ढूँढ़ सकते हैं? – जब तक समाधान मिल ना जाए, तब तक खोजना जारी रखने का इरादा और प्रतिबद्धता।

3. नए अवसरों के लिए हाँ कहें

वे दिन गए जब लोग किसी विशेष काम को करने के लिए किसी कंपनी में काम करना शुरू करते थे और रिटायर होने तक वही करते रहते थे। तेज़ी से बदलती ग्राहक आदतों और जीवनशैली ने काम के माहौल को पहले से कहीं अधिक गतिशील बना दिया है। इस परिदृश्य में यदि आप अधिक सीखने और अधिक करने के इच्छुक नहीं हैं, तो आप वह पहले व्यक्ति होंगे जिन्हें बदल दिया जायेगा।

जब भी, आपके काम से संबंधित कोई नया अवसर आए, तो हाँ कहें और उसमें दिल से लग जाएँ। कोई अधिक वेतन/इनकम तक जल्दी कैसे पहुँच सकता है? – उच्च शिक्षा या अधिक अनुभव। अपनी शिक्षा तो आप पहले ही पूरी कर चुके हैं, लेकिन अच्छा अनुभव आपको तभी मिल सकता है जब आप नई चीज़ों को आज़माएँगे। डिग्री हज़ारों-लाखों लोगों के लिए एक जैसी होती है, लेकिन अनुभव सबका अपना अपना हो सकता है और उसी के अनुसार आप अपनी अहमियत बढ़ा सकता हैं। नए अवसरों के लिए हमेशा तैयार रहें।

यदि आपके कार्य दूसरों को अधिक सपने देखने, अधिक सीखने,
अधिक करने और अधिक बनने के लिए प्रेरित करते हैं,
तो आप एक लीडर हैं।

– जॉन क्विंसी एडम्स

4. हमेशा उम्मीद से ज़्यादा करें

मेरे जीवन का यह एक सिद्धांत मेरी अब तक की सारी उपलब्धियों की आधारशिला रहा है। मैंने अपनी पिछली सभी किताबों में भी इसके बारे में लिखा है और ऐसी कोई लाइव वर्कशॉप नहीं है जहाँ मैं इस बारे में बात नहीं करता। मैं इसे अधिक की शक्ति कहता हूँ – आप वो करें जो करने की आपसे उम्मीद की जाती है और फिर करें थोड़ा-सा और अधिक। जब आप

अधिक करते हैं, तो आप अधिक बन जाते हैं। जब आप अधिक करते हैं, तो आप अधिक मूल्य जोड़ते हैं। जब आप अधिक बनते हैं और अधिक मूल्य जोड़ते हैं, तो यह संभव नहीं है कि आपको इसके लिए पुरस्कृत नहीं किया जाएगा।

अपने ग्राहकों, प्रास्पेक्ट्स, टीम के साथियों, परिवार के सदस्यों और आपसे मिलने वाले प्रत्येक व्यक्ति को उनकी अपेक्षा से अधिक कार्य करके प्रसन्न करें। हमेशा अपेक्षा से अधिक करने को अपने जीवन का एक स्थाई सिद्धांत बना लें और आप यक़ीनन टॉप पर पहुँच जाएँगे। हमेशा अपने ग्राहकों या साथियों की अपेक्षा से अधिक मूल्य प्रदान करें। हर दिन यह थोड़ा ज़्यादा अंत में आपको अपने बिज़नेस में एक प्रमुख खिलाड़ी बना देगा।

और मेरा विश्वास करिए, यह आपको बहुत सारी दौलत और प्रसिद्धि के साथ-साथ गहरी तृप्ति भी देगा।

आप वहीं से शुरुआत कर सकते हैं जहाँ आप हैं और अभी आपको जितना भुगतान किया जा रहा है उससे अधिक काम और बेहतर काम करके, अधिक करने की आदत का इस्तेमाल कर सकते हैं।

–नेपोलियन हिल

5. अपेक्षा मैनेजमेंट

अवास्तविक उम्मीदें निराशा और क्रोध का सबसे बड़ा कारण हैं। जब आपको वह नहीं मिलता जो आप चाहते हैं, तो आप क्रोधित और निराश हो जाते हैं। इनमें से कई मामलों में, अपेक्षाएँ ही ऐसी होती हैं जो कि अवास्तविक हैं और कभी पूरी नहीं होंगी। इसलिए यदि आप उन अपेक्षाओं के साथ काम करते हैं, तो आप निश्चित रूप से दुखी होंगे। बहुत से लोग काम पर हर चीज़ के बारे में अपेक्षाओं के साथ आते हैं - वेतन, समय, काम करने के दिन, कंपनी का कल्चर, सहकर्मी, चाय/कॉफ़ी का प्रकार, ब्रेक की अवधि, काम का प्रकार, बॉस का प्रकार, काम पर सुविधाएँ, कंपनी का साइज, अपने डेस्क का डिज़ाइन और क्या नहीं। आपकी लिस्ट जितनी बड़ी होगी आपकी संतुष्टि उतनी ही कम होगी।

दुनिया की कोई भी जगह इन सभी उम्मीदों पर खड़ी नहीं उतर सकती और शायद अगर ऐसी कोई जगह है भी तो क्या आप उनकी उम्मीदों पर खरे उतरेंगे ये भी एक सवाल है। एक बार जब आपने किसी विशेष स्थान पर काम करने का निर्णय ले लिया, तो जो कुछ भी आपके पास है उसके लिए आभारी रहें और चीज़ों को बेहतर बनाने के लिए काम करते रहें। यदि आप सही हैं, तो आप एक-एक करके अपने कार्य वातावरण में थोड़े बदलाव कर सकते हैं।

यदि आपकी कंपनी आपको वैसी तनख़्वाह, बोनस या प्रोत्साहन नहीं दे रही है जैसी की आप उम्मीद करते हैं, तो कृपया कंपनी पर अनुचित होने का आरोप लगाने से पहले अपने प्रदर्शन और योगदान की समीक्षा ज़रूर कर लें। मैंने नौकरी और बिज़नेस में ऐसे बहुत से लोगों को देखा है जो उसी काम के लिए हर 3-6 महीने में अधिक इनकम की उम्मीद करते हैं जो वे पिछले कई वर्षों से कर रहे हैं। क्या ऐसी उम्मीद करना ग़लत नहीं है? लेकिन हाँ, यदि आप वास्तव में मानते हैं कि आप अधिक योग्य हैं और वर्तमान कंपनी आपको पर्याप्त रूप से पुरस्कृत नहीं कर रही है, तो एक ऐसी जगह खोजें जहाँ आपको आपके काम के लिए उचित प्रतिफल मिल सकता है और आगे क़दम बढ़ा दें।

प्रत्येक काम उस व्यक्ति का खुद का चित्र है, जिसने इसे किया है। अपने काम पर श्रेष्ठता के साथ हस्ताक्षर करें।

– टेड की

कृपया यह भी याद रखें कि आपको अपनी नौकरी में प्रत्येक कार्य समान रूप से पसंद नहीं आएगा। यह शर्त मत रखो कि मैं केवल वही करूँगा, जो मुझे पसंद है। आपकी नौकरी या व्यवसाय एक पैकेज की तरह आपके पास आता है और आपको सारे काम करने होते हैं। अधिकांश डायरेक्ट सेलर्स या सेल्स करने वाले लोग असफल हो जाते हैं क्योंकि उन्हें पुराने ग्राहकों से या सामने से आने वाली फ़ोन कॉल से ही बात करना पसंद होता है लेकिन वे नए प्रॉस्पेक्ट्स को कॉल करना पसंद नहीं करते हैं। मैं एक लेखक और ट्रेनर हूँ। मुझे किताबें लिखना, कोर्सेज बनाना और ट्रेनिंग प्रोग्राम्स करना पसंद है, लेकिन किताबें लिखना या सिर्फ़ कोर्सेज बनाना पर्याप्त नहीं है,

एक बिज़नेसमैन होने के नाते मुझे अधिक किताब और कोर्सेज ख़रीदने वालों तक पहुँचने के लिए सेल्स, मार्केटिंग और अन्य ज़रूरी कामों को भी करना होगा। कुछ काम आपको करना अच्छा लगेगा और कुछ ऐसे भी होंगे जिन्हें आपको करने की ज़रूरत होगी। बस दोनों को सर्वोत्तम तरीक़े से करना जारी रखें।

जब लोग यह मापते हैं कि उनके बॉस या कंपनी उन्हें उनके काम के बदले में क्या दे रहे हैं, तो वे अक्सर सभी अच्छी चीज़ों को नजरअंदाज़ कर देते हैं और केवल उस पर ध्यान केंद्रित करते हैं जिसमें कमी है। यह रवैया आभार की कमी को दर्शाता है। मैं व्यक्तिगत रूप से जिस नियम का पालन कर रहा हूँ वह सरल है - पहले अपेक्षा से ज़्यादा कर के दिखाएँ और फिर उपयुक्त पुरस्कार माँगें।

सोशल मीडिया लोगों की अपेक्षाओं पर एक बड़ा प्रभाव डाल रहा है। जब आप लगातार 23 साल की उम्र में करोड़पति, 2 साल में यूनिकॉर्न, एफ़िलिएट मार्केटिंग के माध्यम से मिलियन डॉलर की इनकम और कई अन्य सुपर-फ़ास्ट सफलताओं की कहानियाँ देखते हैं, तो आप बस उसी के आधार पर अपनी उम्मीदें निर्धारित करते हैं। कृपया याद रखें मेरे दोस्त, आप जो देख रहे हैं वह उस व्यक्ति की कहानी का केवल वह हिस्सा है जिसे वह दुनिया को दिखाना चाहता है आप पूरी कहानी नहीं जानते। आप उस व्यक्ति के संघर्षों, संसाधनों, सपोर्ट सिस्टम या अवसरों और बाक़ी सभी चीज़ों के बारे में नहीं जानते हैं जिसके कारण उसे इतनी बड़ी सफलता मिली है। सिर्फ़ इंस्टाग्राम पोस्ट या रील देखकर अपनी राय नहीं बनाएँ। होशियार बनें और हर बात पर विश्वास करने से पहले उसका मूल्यांकन करें।

जब आप कोई भी सफलता की कहानी देखें तो प्रेरणा लें, बड़े लक्ष्य निर्धारित करें लेकिन कभी भी अपना अवमूल्यन नहीं करें। अपने पीडीए सेट करें, अपनी तैयारी करें और अपनी सफलता की कहानी बनाने के लिए दैनिक कार्रवाई करें।

6. अपने बॉस या सीनियर को अनावश्यक बनाएँ

क्या आप वही रैंक, इनकम या प्रभाव चाहते हैं जो आपके सीनियर के पास है? मैं आपको वहाँ पहुँचने के लिए एक गारंटीड प्लान बता सकता हूँ। अपना काम इस तरह से करें कि आपको अपने काम की जाँच के लिए

अपने बॉस या सीनियर की ज़रूरत ही नहीं पड़े। हर दिन पहले से बेहतर काम करें और हर काम वैसे ही करें जैसे आपके सीनियर करते हैं। यदि आप वही कर रहे हैं जो आपके सीनियर कर रहे हैं, तो स्वाभाविक रूप से आपको आपके सीनियर के समान ही वेतन और सम्मान मिलेगा। जब मैं 25 साल की उम्र में केवल 2 साल के कार्य अनुभव के साथ अपनी कंपनी में क्षेत्रीय मैनेजर बन गया, तो उस पद को पाने के लिए मैंने बिलकुल यही किया था। सूर्य को कोई भी ज़्यादा समय तक छुपा नहीं सकता। यदि आप अच्छे हैं, तो आप चमकेंगे और टॉप पर पहुँचेंगे।

आपके जीवन का जो भी काम है उसे अच्छे से करें।
एक आदमी को अपना काम इतनी अच्छी तरह से करना चाहिए
कि कोई भी जीवित, मृत और अजन्मा कोई भी
इसे बेहतर ढंग से नहीं कर सके।

– डॉ. मार्टिन लूथर किंग जूनियर

जैसे कि मैं इस खंड को समाप्त कर रहा हूँ, मैं आपका ध्यान एक शब्द की ओर डालना चाहता हूँ जिसे मैंने पहली बार कुछ साल पहले सुना था। यह नए युग की एक ख़ूबसूरत अवधारणा है जिसे 'इंट्राप्लॉयी' (entraployee) कहा जाता है। यह दो शब्दों इंटरप्रेन्योर और एम्प्लोयी से मिलकर बना है। मुझे लगता है, यह शब्द यह बताता है कि चाहे आप नौकरी कर रहे हों या बिज़नेस, इन दोनों ही स्थितियों में आपके करियर में सफलता के लिए अधिकांश मौलिक गुण एक से ही हैं।

इस नए ज़माने की अर्थव्यवस्था में, यदि आप सफल होना चाहते हैं तो कर्मचारी की पुरानी परिभाषा के साथ काम नहीं करें क्योंकि जिन परिस्थितियों में उन परिभाषाओं का निर्माण किया गया था, वे अब मौजूद नहीं हैं। नए युग के नए ढंग जैसे घर से काम, बूटस्ट्रैप स्टार्ट-अप, क्राउड फ़ंडिंग, कोलैबरेशन, साइड हसल, ड्रॉप शिपिंग, फ्रीलांसिंग आदि उन लोगों के लिए हर दिन नए अवसर पैदा कर रहे हैं जो जवाबदेही, उत्कृष्टता और निरंतर मूल्यवर्धन के मूल सिद्धांतों के साथ काम करने के लिए तैयार हैं। आप जो भी करते हैं उसमें उत्कृष्टता जारी रखें और अवसर आपके दरवाज़े पर ख़ुद आकर दस्तक देंगे।

मैं लोगों से उनके करियर में कहती हूँ – विकास की तलाश करें। उन टीमों की तलाश करें जो तेज़ी से आगे बढ़ रही हैं। उन कंपनियों की तलाश करें जो अच्छा प्रदर्शन कर रही हैं। ऐसी जगह की तलाश करें जहाँ आपको लगे कि आप बहुत अधिक प्रभाव डाल सकती हैं।

–शेरिल सैंडबर्ग

4. परिवार

जब सब कुछ बर्बाद हो जाता है, तो जो लोग बिना किसी हिचकिचाहट के आपके साथ खड़े होते हैं – वे आपका परिवार हैं।

– जिम बुचर

परिवार आपको स्थिरता, आराम, सुरक्षा और आशा देता है। आप हमेशा दुनिया पर राज करने की ख़्वाहिश रखते हैं, आप ऐसा कर पाते हैं या नहीं, आप सफल होते हैं या असफल, एक जगह ऐसी है जहाँ आपका हमेशा स्वागत होता है और एक जगह है जहाँ आप हीरो/हीरोइन हैं और वह है आपका परिवार।

मेरा परिवार हमेशा से मेरे जीवन और काम का आधार रहा है। हम एक ही घर में 11 लोगों के संयुक्त परिवार में रहते हैं और हम जो कुछ भी हासिल कर पाए हैं वह एक ठोस जुड़े हुए परिवार के कारण है। मेरे परिवार के सदस्य मेरे चियर लीडर, प्रेरणा, सपोर्ट सिस्टम और सलाहकार बोर्ड सब एक साथ हैं।

स्वास्थ्य की तरह, हममें से कई लोग अपने परिवार को नजरअंदाज़ करते हैं। एक परिवार सिर्फ़ उस घर के बारे में नहीं है जिसमें आप रहते हैं, यह वह बंधन है जिसे आप साँझा करते हैं। यह निश्चित रूप से रक्त रेखा या उन रिश्तों से शुरू होता है जो हमें विरासत में मिलते हैं या बनाते हैं, लेकिन उन बंधनों को पोषित करने की दैनिक प्रतिबद्धता ही वो है जो इसे एक परिवार बनती है।

एक परिवार होने का मतलब है कि आप किसी बहुत अद्भुत चीज़ का हिस्सा हैं। इसका मतलब है कि आप जीवन भर प्यार करेंगे और प्यार पाते रहेंगे।

– लिसा वीड

रोजाना अपने परिवार के साथ समय बिताएँ। चीज़ें एक साथ करें। एक साथ खाएँ, एक साथ मौज-मस्ती करें और निश्चित समय या रिचुअल बनाएँ जब आप एक साथ कुछ काम करेंगें। ये पल सुखद यादें और बंधन बनाएगा जो हमेशा आप सबके साथ रहेंगे। परिवार को पहले रखें। कभी कभी कुछ चीज़ें छोड़नी पड़ेंगी या कुछ समायोजन बैठाना पड़ेगा, लेकिन जब परिवार की बात आए, तो सुनिश्चित करें कि यह बाक़ी सभी चीज़ों से पहले हो। मैं पूरे दिन घर पर रहने की सलाह नहीं दे रहा हूँ। दरअसल मैं घर से काम करने के ख़िलाफ़ हूँ। मेरे लिए काम, काम है और घर, घर है। मैंने 11 वर्षों तक घर से काम किया है और अनुभव के आधार पर मैं कह सकता हूँ कि कामकाजी जीवन और घरेलू जीवन के बीच अंतर होना चाहिए। आपको इस बात की पूरी समझ होनी चाहिए कि कब आपको काम वाले मोड को बंद कर देना है और घर वाले मोड को चालू करना है और इसका उलटा भी।

परिवार और काम के बीच बराबर संतुलन बनाना हर समय संभव नहीं हो सकता। मैं लगातार कई नए प्रोजेक्ट्स पर काम करता हूँ, मैं ट्रेनिंग प्रोग्रामो और स्पीकिंग इवेंट्स के लिए सप्ताह में 2-3 बार यात्रा करता हूँ लेकिन एक नियम के रूप में, मैं ये बात भलीभाँति समझ चुका हूँ कि अगर मुझे एक अच्छा जीवन चाहिए तो मुझे स्पष्ट रूप से पता होना चाहिए कि काम और घर के बीच कब और कैसे स्विच करना है। मैं वर्तमान पल में रहने में दृढ़ता से विश्वास करता हूँ। इसलिए जब मैं काम पर होता हूँ तो मैं काम में पूरी तरह से सलग्न होता हूँ और जब मैं घर पर होता हूँ या छुट्टी पर होता हूँ, तो मैं पूरी तरह से छुट्टी का आनंद लेता हूँ। यह भेद जीवन में सामंजस्य और संतुलन लाता है।

एक ख़ुशहाल पारिवारिक जीवन आपको ज़मीनी और मज़बूत बनाए रखेगा। यह आपको तनाव को बेहतर ढंग से मैनेज करने में मदद करेगा और रिस्क लेने के लिए सशक्त बनाएगा। परिवार के सपनों को पूरा करना और

अपने परिवार को जीवन की सर्वोत्तम चीज़ों का आनंद दिलाना मेरे लिए कड़ी मेहनत करने और नई बड़ी चुनौतियों का सामना करने के लिए सबसे बड़ी प्रेरणा है। अपने परिवार को अपनी सबसे बड़ी ताक़त बनाएँ। वे ही हैं जो हर जीत का जश्न मनाएँगे और हर असफलता को साँझा करेंगे। कई बार आप ऐसी दोस्ती विकसित कर लेते हैं जो आपके सगे संबंधियों जितनी ही मज़बूत होती हैं और मैं उन्हें भी आपके परिवार के रूप में गिनता हूँ। ऐसे बंधन बनाएँ जो टिके रहें और ऐसे रिश्ते बनाएँ जो आपको और अधिक करने और अधिक बनने के लिए सशक्त बनाएँ।

एक सुखी परिवार वो स्वर्ग है
जो आपको पहले ही मिल जाता है।

– जॉर्ज बर्नार्ड शॉ

5. ज्ञान एवं विवेक

जीवन को सिर्फ़ काटो मत, जीवन में विकास करो।

–एरिक बटरवर्थ

जैसे–जैसे आप अपना जीवन जीना और अपना काम करना जारी रखते हैं, यह कभी नहीं भूलें कि निरंतर विकास और उत्कृष्टता आपकी यात्रा का सबसे बड़ा पुरस्कार है। पैसा, पद और अन्य चीज़ें जो आप कमाते हैं वे वास्तव में महत्त्वपूर्ण हैं लेकिन सबसे महत्त्वपूर्ण है आपकी व्यक्तिगत उन्नति। सबसे बड़ी संतुष्टि तब मिलती है जब आप गर्व से अपनी विकास यात्रा की और पीछे मुड़कर देखते हैं।

लेकिन विकास कभी भी अपने आप नहीं होता, आपको इसके लिए सचेत प्रयासों और सिस्टमों के माध्यम से काम करने की आवश्यकता होती है। मैं हमेशा अपने लाइव इवेंट में यह कहता हूँ – हर कोई बूढ़ा हो जाता है, लेकिन केवल कुछ ही लोग ज़्यादा समझदार बन पाते हैं। आपको बूढ़ा होने के लिए कुछ भी करने की ज़रूरत नहीं है, आपकी घड़ी यह काम अपने आप कर देगी। आपकी प्रमुख भूमिका अपने जीवन और कार्य को इस तरह से डिजाइन करना है कि हर महीने और हर साल आप खुद का एक बेहतर संस्करण बनें।

2003 में काम शुरू करने से पहले भी, मैं हमेशा खुद से ये 3 सबसे महत्त्वपूर्ण सवाल पूछा करता था – मैं और अधिक कैसे कर सकता हूँ? मैं इसे बेहतर कैसे कर सकता हूँ? और मैं इसे तेज़ी से कैसे कर सकता हूँ? इन सवालों ने मुझे एक के बाद एक नई चुनौतियाँ से भरी परियोजनाएँ शुरू करने के लिए सशक्त बनाया। जब भी मैं संतुष्ट महसूस करता हूँ, मैं अपने आप को यह एक पंक्ति याद दिलाता हूँ जो मेरे गुरुजी हमेशा कहते हैं – "*सवाल यह नहीं है कि तुम कहाँ से यहाँ तक आ गए, अपने आप से यह सवाल पूछो कि अब तुम यहाँ से कहाँ तक जा सकते हो?*" इसलिए आप जो भी कर रहे हैं उसमें लगातार उत्कृष्टता हासिल करना अपने जीवन का मिशन बनाएँ और अपने क्षेत्र में सर्वश्रेष्ठ बनने का लक्ष्य रखें।

अपनी सफलता को तीन गुना करने का सबसे तेज़ तरीक़ा
व्यक्तिगत विकास में अपने निवेश को दोगुना करना है।

– रॉबिन शर्मा

क्या आपने कभी सोचा है कि हर क्षेत्र में कुछ लोगों को उस काम की औसत फ़ीस या इनकम से 10-50 गुना अधिक इनकम या फ़ीस क्यों मिलती है? जहाँ अधिकांश वकील काम की तलाश में रहते हैं और प्रति सुनवाई 1000-5000 फ़ीस लेते हैं, वहीं कुछ वकील ऐसे भी हैं जो उसी सुनवाई के लिए 5-10 लाख फ़ीस लेते हैं। कुछ डॉक्टरों को उसी सर्जरी के लिए बाक़ियों से अधिक फ़ीस क्यों दी जाती है? जहाँ अधिकांश ट्रेनर काम की तलाश में रहते हैं और किसी भी क़ीमत पर काम करने को तैयार रहते हैं, वहीं कुछ ट्रेनर एक सेशन के लिए 10 लाख या 50 लाख रुपये लेते हैं? ये वे लोग हैं जो लगातार आगे बढ़े हैं और लगातार अधिक सीखकर, अधिक करके और अधिक मूल्य प्रदान करके अपने ब्रांड बनाने में सक्षम हुए हैं। इसलिए केवल भीड़ में एक चेहरा नहीं बनें, एक बिज़नेस लीडर बनें और आप तभी लीडर बन सकते हैं जब आप निरंतर विकास को अपने काम करने का सबसे ज़रूरी हिस्सा बनाते हैं।

मैं आपके साथ एक वास्तविक जीवन का उदाहरण साँझा करना चाहता हूँ जो मेरे एक लाइव इवेंट में हुआ था। एक युवा प्रतिभागी ने मंच पर आकर कहा- दीपक सर मैं आपका बहुत बड़ा प्रशंसक हूँ। इस 5 दिन

के आयोजन से मुझमें अद्भुत परिवर्तन आया और मैं आज घोषणा करता हूँ कि 3 साल के भीतर मैं वहीं पहुँच जाऊँगा जहाँ आप आज हैं। मैंने लड़के के आत्मविश्वास और साहस की सराहना की और उसे अपनी शुभकामनाएँ दीं। लेकिन इसके साथ ही मैंने उनसे एक बात कही जो मेरे दिमाग़ में तुरंत आई, *''मैं इस बात की सराहना करता हूँ कि आप 3 साल में उसी स्तर पर आ जाएँगे जहाँ मैं आज हूँ, लेकिन आपको क्यों ऐसा लगता है कि मैं ३ साल के बाद भी इसी स्थान पर रहूँगा जहाँ मैं आज हूँ।''*

यदि आप गहराई से समझेंगे, तो हम दोनों के कथन निरंतर विकास के हमारे जीवन के सिद्धांत का प्रमाण हैं जिसे मैं और मेरा छात्र दोनों रोज़ जीते हैं। दोनों बयान एक बात की ओर इशारा कर रहे हैं कि 3 साल में हम दोनों में से कोई भी वैसा नहीं रहेगा, जैसे हम दोनों आज हैं। निरंतर विकास के प्रति यह व्यक्तिगत प्रतिबद्धता धीरे-धीरे आपके ब्रांड को इस तरह तैयार करेगी कि सर्वोत्तम अवसर आपके पास अपने आप आ जाएँगे। निरंतर विकास पर बने रहना एक ख़ूबसूरत यात्रा है और मैं वास्तव में आपको इसे आज ही अपने लिए शुरू करने के लिए प्रोत्साहित करता हूँ।

कोई भी व्यक्ति सुरक्षा की ओर वापस जा सकता है या विकास की ओर आगे बढ़ सकता है। विकास को बार-बार चुनना होगा; डर को बार-बार हराना होगा।

– अब्राहम मेस्लो

6. मनोरंजन और कायाकल्प

काम में भी गुण हैं और आराम में भी गुण हैं। दोनों का उपयोग करें और किसी को नजरअंदाज़ नहीं करें।

–एलन कोहेन

निरंतर प्रदर्शन और निरंतर विकास के लिए नियमित आराम, मनोरंजन और कायाकल्प नितांत आवश्यक है। आप कुछ समय के लिए आराम और मनोरंजन को नजरअंदाज़ कर सकते हैं, लेकिन उसके बाद इसका आपके प्रदर्शन पर प्रतिकूल असर पड़ने लगेगा। यदि आप केवल कुछ हफ़्तों या

महीनों के लिए खेल में हैं, तो आप जो चाहें कर सकते हैं, लेकिन यदि आप निरंतर ऊर्जा और लगातार प्रदर्शन के साथ लंबे समय तक काम करना चाहते हैं, तो आपको आराम, मनोरंजन और कायाकल्प की योजना बनानी चाहिए ताकि जब आप काम पर वापस लौटें तो आप अपना सर्वश्रेष्ठ खेल खेलने के लिए तैयार हों।

सोशल मीडिया पर कई कोट्स आपको कम सोने और दिन-रात काम करने के लिए प्रोत्साहित करेंगे। साथ ही ऐसे पोस्ट और ब्लॉग भी होंगे जो आपको सलाह देंगे कि एक बार में 8 घंटे सोएँ, हर हफ़्ते मालिश कराएँ, हफ़्ते में केवल 5 दिन काम करें और अपने प्रदर्शन को बेहतर बनाने के लिए दोपहर की झपकी लें। सबसे अच्छी बात जो आप कर सकते हैं वह है स्वयं इसका परीक्षण करना। आपकी अपनी प्राथमिकताएँ हैं, आपकी अपनी शारीरिक घड़ी, सोने की आदतें, खाने का पैटर्न और समय सीमा है। जो आपको लगता है कि आपके लिए सही है उसे आज़माएँ और परिणाम देखें। नियम सरल है – जो काम कर रहा है उसे अधिक करें और जो काम नहीं कर रहा है उसे कम करें। सबसे स्मार्ट चीज़ जो आप कर सकते हैं वह है अपने शरीर की बात सुनना।

मैंने व्यक्तिगत रूप से देखा है कि यदि आप अच्छी तरह से आराम कर रहे हैं, तो आप कम बीमार पड़ेंगे, आपके पास अधिक ऊर्जा होगी, आपकी प्रोडक्टिविटी और निर्णय लेने की क्षमता तेज़ होगी, आप कम ग़लतियाँ करेंगे और तनाव को बेहतर ढंग से सँभालेंगे। कभी-कभी जब आप छुट्टी पर होते हैं, तो आप अपनी चुनौतियों को अलग तरह से देख सकते हैं और रचनात्मक समाधान ढूँढ़ सकते हैं। हममें से प्रत्येक व्यक्ति अद्वितीय है और जो एक व्यक्ति को ख़ुशी दे सकता है वह दूसरे व्यक्ति के लिए सज़ा हो सकता है। तो पता लगाएँ कि वास्तव में क्या आपको ख़ुश करता है और इसे नियमित रूप से अपने दैनिक या मासिक दिनचर्या में शामिल करें। हम ख़ाली बर्तन से पानी नहीं भर सकते इसलिए अपने बर्तन को भरा रखना अत्यंत आवश्यक है। इसलिए अपने लक्ष्यों को प्राप्त करने और दुनिया की सेवा करने की चाह में, अपने सभी व्यक्तिगत संसाधनों को ख़त्म नहीं करें। उन्हें बार-बार भरें ताकि आप लंबे समय तक दुनिया की सेवा करना जारी रख सकें।

जीवन पूरी तरह संतुलन पर आधारित है। आपको हमेशा काम पूरा करते रहने की आवश्यकता नहीं है। कभी-कभी इसे बंद करना, पीछे हटना और कुछ नहीं करना, बिलकुल सही और नितांत आवश्यक होता है।

– लोरी डेसचेन

7. भावनात्मक मास्टरी

खुद पर कंट्रोल करना ही ताक़त है। शांति ही निपुणता है। दूसरों के तुच्छ कार्यों के कारण अपना मूड ख़राब नहीं होने दें। दूसरों को अपने जीवन की दिशा को नियंत्रित करने की अनुमति नहीं दें। अपनी भावनाओं को अपनी बुद्धि पर हावी नहीं होने दें।

– मॉर्गन फ्रीमैन

डॉ. दीपक चोपड़ा के अनुसार, जीवन में सफलता को ख़ुशी के निरंतर विस्तार और योग्य लक्ष्यों की प्रगतिशील प्राप्ति के रूप में परिभाषित किया जा सकता है। ख़ुशी और तृप्ति इस बारे में कम है कि हमारे पास क्या है लेकिन इस बारे में अधिक है कि जो हमारे पास है, हम उसके बारे में क्या सोचते हैं और कैसा महसूस करते हैं। हमारी ख़ुशी इस बात से तय होती है कि हमारे पास जो है या जो नहीं है उसे हम क्या अर्थ देते हैं। कुछ भी अच्छा या बुरा नहीं है; यह सब हमारे दृष्टिकोण की बात है।

हमारे चारों ओर की दुनिया एक साथ काम करने वाली कई ताक़तों से संचालित होती है। हालाँकि हम जो कुछ भी प्राप्त करते हैं उसमें से अधिकांश हमारे नियंत्रण में नहीं है, लेकिन हम उससे कैसे सँभालते हैं और अपने जीवन में होने वाली घटनाओं को क्या अर्थ देते हैं यह पूरी तरह से हमारे नियंत्रण में है। मेरा दृढ़ विश्वास है कि भावनात्मक महारत विभिन्न भावनाओं के प्रति सचेत रहना है जिनसे हम गुजरते हैं और उन अस्थायी भावनाओं को हमारे निर्णयों और कार्यों को प्रभावित नहीं करने देना है।

भावनाएँ तो बस मेहमान हैं, उन्हें आने दो और जाने दो।

– मूजी

जब भी आप किसी कठिन परिस्थिति से गुज़र रहे हों, तो मैं चाहता हूँ कि आप खुद को याद दिलाएँ कि उस स्थिति के बारे में आप कैसा महसूस करते हैं, इस पर आपका पूरा नियंत्रण है। जब भी आप विचारों की एक श्रंखला से घिर जाते हैं, तो आपको खुद को यह याद दिलाने में सक्षम होना चाहिए कि आप अपने विचार नहीं हैं, आपके पास अभी बस वे विचार हैं। आपको हर विचार पर सवाल उठाने और उनका निष्पक्ष मूल्यांकन करने में सक्षम होना चाहिए।

साथ ही भावनात्मक महारत लोगों या स्थितियों को अच्छे या बुरे के रूप में नहीं आँकना है। लोग अपनी समझ और अनुभव के स्तर के आधार पर कार्य करते हैं और बातें करते हैं। वे कुछ परिस्तिथियों से गुज़र रहे होते हैं और उनके शब्द और कार्य उनके जीवन में जो हो रहा है उसके अनुरूप होते हैं, हमारे नहीं। हमें लोगों को माफ़ कर देना चाहिए और आगे बढ़ते रहना चाहिए। लोगों की प्रत्येक क्रिया को आपकी प्रतिक्रिया की आवश्यकता नहीं होती। बिना प्रतिक्रिया किए चीज़ों को अपनाना सीखें।

कृपया यह भी ठीक से समझ लें कि हर किसी को सुधारना आपकी ज़िम्मेदारी नहीं है। आप सचेत रूप से अपने शब्दों, विचारों और कार्यों का चयन करते रहें। जब भी संदेह हो, तो अपना ध्यान अपने हृदय पर केंद्रित करें और अपने हृदय से मार्गदर्शन माँगें। ब्रह्मांड पर अपना संपूर्ण भरोसा रखें, अपनी आँखें बंद करें, एक हाथ अपने दिल पर रखें और अपने दिल से पूछें कि क्या आपको वह निर्णय लेना चाहिए या आप किसी विशेष स्थिति से कैसे निपटना चाहते हैं। अब बस अपने हृदय की संवेदना के प्रति सचेत रहें। यदि आप जो निर्णय लेने जा रहे हैं वह आपके और आपके आस-पास के सभी लोगों के लिए अच्छा है, तो आप दिल में शांति महसूस करेंगे और यदि वह निर्णय आपके लिए सही नहीं है, तो आप अपने दिल में किसी प्रकार की बेचैनी महसूस करेंगे। ब्रह्मांड और संपूर्ण ब्रह्मांडीय शक्ति आपके साथ है, आपको बस इस शक्ति के प्रति जागरूक होने और संकेतों की तलाश करने की आवश्यकता है।

जो चीज़ आपको चिंतित करती है,
वही आपको नियंत्रित करती है।
–जॉन लोके

जब भी आप फँसा हुआ, तनावग्रस्त महसूस करें और स्पष्ट रूप से सोचने में सक्षम नहीं हों, तो अपने आप को इस सूत्र की याद दिलाएँ जिसे मैं GAP (जीएपी) कहता हूँ –

G - Gratitude – आभार : आपके जीवन में इस समय जो कुछ भी सही चल रहा है उसकी एक मानसिक सूची या काग़ज़ी सूची बनाएँ।

A - Accountability – जवाबदेही : अपने आप से पूछें – वर्तमान स्थिति में आपके साथ जो कुछ भी हो रहा है, उसमें से कितना आपके नियंत्रण में है? इसका कारण कौन और क्या है? सर्वोत्तम क़दम के रूप में आप अभी क्या कर सकते हैं?

P - Perspective – दृष्टिकोण : इस बारे में सोचें कि इस स्थिति में और बुरा क्या हो सकता था। जितना हो सके उतना बुरे से बुरा सोचो और उन सभी चीज़ों के बारे में सोचो जो इन हालात में और भी बदतर हो सकती थीं।

आप जो कुछ भी कर रहे हैं उसे रोकें और GAP (जीएपी) के बारे में सोचें।

इस GAP (जीएपी) अभ्यास को करने में 5–10 मिनट से अधिक समय नहीं लगेगा, लेकिन यह आपको तुरंत अपनी भावनाओं पर नियंत्रण पाने में मदद सकता है।

GAP Formula to regain control of your emotions in tough situations
अपनी भावनाओं को काबू करने के लिए गैप फॉर्मूला

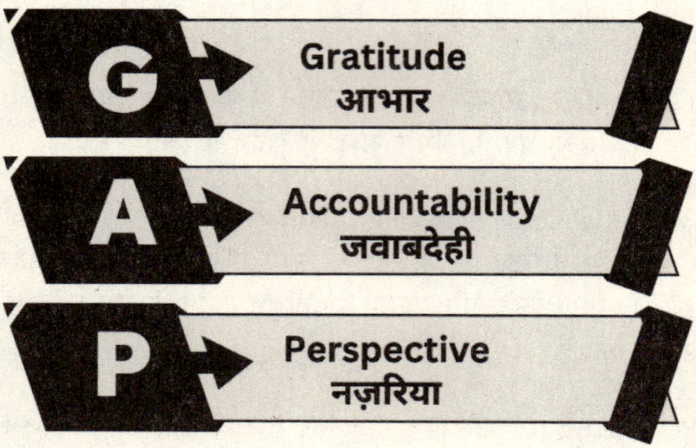

जीवन को दिनों में मापा जाता है और यदि आप अपने दिनों को अच्छी तरह से सँभाल सकते हैं, तो आप अपने जीवन को भी अच्छी तरह से सँभाल सकते हैं। अपने दिनों को प्रबंधित करने का सबसे अच्छा तरीक़ा अपनी भावनाओं पर नियंत्रित पाने में मदद कर सकता है है और अपनी भावनाओं को अपने विचारों, कार्यों और निर्णयों को नियंत्रित करने की अनुमति देना है। खुद से प्यार करो। अपने प्रति दयालु बनें और जितना हो सके, अपना जीवन वर्तमान पल में जिएँ। आप जो कुछ भी हों, वहीं रहें। भावनात्मक महारत की यह यात्रा वास्तव में आपकी भावनाओं के प्रति जागरूक होने और उन भावनाओं को दिए गए अर्थ को धीरे-धीरे बदलने और उनके साथ बस सचेत रूप से आगे बढ़ते रहने की है।

मैंने अध्याय 3 में भावनात्मक महारत के बारे में और भी लिखा है। अपनी भावनात्मक महारत यात्रा को जारी रखने के लिए आप इस भाग के साथ-साथ उस भाग को भी पढ़ सकते हैं।

अपनी अद्भुत जीवन यात्रा को सफलतापूर्वक पूरा करने के लिए, यह महत्त्वपूर्ण है कि हम प्रत्येक गहरे आँसू को ज्ञान के मोती में बदल दें और प्रत्येक अभिशाप में एक आशीर्वाद खोजें।

– एंथोन सेंट मार्टेन

8. आर्थिक भरमार

आर्थिक भरमार का लक्ष्य एक ऐसी जीवनशैली बनाना है जहाँ आपको और आपके परिवार को पैसों की बाधाओं के बिना मनचाही चीज़ें चुनने की आज़ादी हो।

– दीपक बजाज

पैसा = आज़ादी

अपने जीवन में कई वर्षों तक, मैं और मेरी माँ इस बात पर बहस करते रहे कि क्या हमें अपना पैसा आज आनंद लेने के लिए ख़र्च करना चाहिए या भविष्य की सुरक्षा के लिए बचाना चाहिए। हम दोनों वर्षों तक इस विषय पर बहस करते रहे जब तक मुझे अहसास नहीं हुआ कि वास्तव में समाधान उनमें से किसी एक को चुनना नहीं है; बल्कि इतना पैसा कमाना है कि हम आज भी ख़र्च कर सकें और कल के लिए भी बचत कर सकें। मेरे लिए आर्थिक आज़ादी का यही मतलब है। इतना धन कमाएँ कि आप आज अपने सपनों को जी सकें और भविष्य की आकस्मिकताओं को पूरा करने के लिए पर्याप्त बचत कर सकें। वैसे इसकी कोई सीमा नहीं है कि आप आज कितना ख़र्च करना चाहते हैं और कल के लिए कितना पर्याप्त होगा। इसलिए आपको दोनों पर अपनी सीमाएँ तय करने की ज़रूरत है, लेकिन मैंने इस पहेली से कैसे निपटा, वह है इतनी बचत करना और निवेश करना ताकि मैं उसी जीवनशैली को बनाए रख सकूँ जैसा मैं आज जी रहा हूँ, भले ही मेरी इनकम का मुख्य स्रोत आज ही बंद हो जाए।

यदि आप इस पुस्तक में दिए गए सिद्धांतों का पालन करते हैं और यदि आप जो भी कर रहे हैं उसमें लगातार प्रगति कर रहे हैं और उत्कृष्टता हासिल कर रहे हैं, तो आप निश्चित रूप से आर्थिक आज़ादी प्राप्त करेंगे।

पैसा उत्कृष्टता का अनुसरण करता है। तो आज और भविष्य में आप किस तरह का जीवन चाहते हैं, यह तय करें और फिर इस सपने को हक़ीक़त में बदलने के लिए इस पुस्तक में दिए गए 5 चरणों का पालन करें। यदि आप इस मिशन में अपना दिल और आत्मा लगाते हैं, तो आप इसे निश्चित रूप से हासिल करेंगे।

आर्थिक आज़ादी का एक बड़ा हिस्सा आपके दिल और दिमाग़ को जीवन के बारे में चिंता से मुक्त रखना है।

– सुज़ ऑरमन

नीचे कुछ त्वरित जानकारियाँ दी गई हैं जो आपको आर्थिक आज़ादी (फ़ायनांशियल फ्रीडम) हासिल करने में मदद कर सकती हैं –

- हर महीने बचत करें।
- हर महीने समझदारी से निवेश करें।
- अपने निवेश कौशल का विस्तार करते रहें।
- क्रेडिट कार्ड का उपयोग तभी करें जब आप इसे सँभाल सकें।
- लक्ज़री के लिए कभी भी क़र्ज़ नहीं लें।
- लोगों को प्रभावित करने के लिए कभी भी चीज़ें नहीं ख़रीदें।
- वास्तविक मूल्य और उपयोगिता के लिए ख़रीदारी करें।
- उम्र के साथ सभी लोग बूढ़े हो जाते हैं, लेकिन केवल कुछ ही लोग अधिक बुद्धिमान हो पाते हैं।
- यह कभी नहीं भूलें कि लक्ष्य अमीर दिखना नहीं, बल्कि अमीर बनना है।
- अपने ख़र्चों और निवेशों पर नज़र रखें। निगरानी से मदद मिलती है.
- घर/कार ख़रीदना, विदेश यात्राएँ, बड़ी ख़रीदारी, शादी के ख़र्च आदि जैसे बड़े फ़ायनांशियल निर्णयों का सावधानीपूर्वक मूल्यांकन करें।
- कभी भी अपनी इनकम बढ़ने के साथ-साथ अपनी जीवनशैली को तेज़ी से नहीं बढ़ाएँ। बल्कि अपना निवेश बढ़ाएँ और अपने मौजूदा लोन चुकाएँ।

- कुछ अतिरिक्त हज़ारों कमाने के लिए कभी भी नैतिकता से समझौता नहीं करें। प्रतिष्ठा और चरित्र का स्थान आपके बैंक खाते में मौजूद पैसों से कहीं अधिक है।
- अधिक सीखें, अधिक योगदान दें और अपने क्षेत्र में सर्वश्रेष्ठ बनें ताकि आप अधिक कमा सकें।
- जब पैसा ख़र्च करने की बात आती है, तो निवेश इकट्ठा करने के साथ-साथ अनुभव/यादें भी इकट्ठा करें।

आर्थिक आज़ादी का लक्ष्य रखें और उसके लिए एक दीर्घकालिक योजना बनाएँ। आपके पास जो कुछ भी है उसके लिए आभारी रहें और आप जो चाहते हैं उसके लिए सपने देखते रहें। आपके पास जो है उसका जश्न मनाएँ और और जो और चाहिए उसके लिए काम करते रहें। मेरे यूट्यूब चैनल - दीपक बजाज पर भी फ़ायनांशियल स्वतंत्रता प्राप्त करने के लिए कई वीडियो हैं।

धन जीवन को पूरे रूप से अनुभव करने की क्षमता है।

– हेनरी डेविड थॉरो

9. सेवा एवं योगदान

जो लोग सबसे अधिक जीवंत, प्रेरित और पूर्ण हैं वे वे हैं जो अपने से भी बड़ी किसी चीज़ के लिए योगदान और सेवा का जीवन जीना चाहते हैं।

– टोनी रॉबिंस

अगर आपने कभी इस सवाल पर बहस की है कि पैसे से ख़ुशियाँ ख़रीदी जा सकती हैं या नहीं, तो आइए मैं आपको एक ऐसा उत्तर देता हूँ जिससे हर कोई सहमत होगा। जब आप इस पैसे का उपयोग दूसरों के लिए चीज़ें ख़रीदने में करते हैं तो पैसा निश्चित रूप से आपके लिए ख़ुशियाँ ख़रीद सकता है। दूसरों की सेवा करने और दूसरों की भलाई में योगदान देने से

आपको एक अलग तरह की ख़ुशी मिलती है, ख़ासकर उन लोगों के लिए जो आपको बदले में कुछ वापस नहीं दे सकते।

यदि कोई चीज़ वास्तव में आपकी आत्मा को ख़ुश कर सकती है, आपके आत्म-सम्मान को बढ़ा सकती है और आपको वास्तविक आत्मविश्वास दे सकती है, तो यह देने का सरल सा कार्य है। देना बहुत शक्तिशाली है। अपनी इनकम और समय का एक हिस्सा दूसरों की सेवा में दान करना अपने जीवन के सिद्धांतों का हिस्सा बनाएँ। यदि ईश्वर ने आपको आपकी आवश्यकता से अधिक दिया है, तो आपको इसे उन लोगों को देना चाहिए जिनके पास वह भी नहीं है जिसकी उन्हें वास्तव में आवश्यकता है। जैसे-जैसे आपकी इनकम का स्तर बढ़े, अपने योगदान और सेवा का स्तर बढ़ाएँ।

दूसरों की सेवा करना और उनके लिए योगदान देना आपके चेतन और अवचेतन मन को एक मज़बूत संदेश देता है कि आपके पास इतनी प्रचुरता है कि आप इसे दूसरों के साथ साँझा कर सकते हैं। कल्पना करें कि यदि आपके अवचेतन को यह शक्तिशाली संदेश बार-बार मिलता है, तो यह आपके आत्म-सम्मान और मानसिक ब्लूप्रिंट का विस्तार कैसे करेगा।

सबसे सच्चे उदार व्यक्ति वे हैं जो प्रशंसा या
पुरस्कार की आशा के बिना चुपचाप देते हैं।

– कैरोल रायरी ब्रिंक

जैसे ही आप अपना समय और पैसा दूसरों की सेवा में दान करना शुरू करते हैं, मैं आपको सलाह दूँगा कि इसे इतनी मृदुता से करें कि यह आपके अहं को बढ़ावा नहीं दे या आपको अहंकारी नहीं बनाए। जब भी आप कुछ दें, सेवा करने के अवसर के लिए आभारी रहें और इस तरह से दें कि लेने वाला अपमानित महसूस नहीं करे या प्राप्त करने में नीचा नहीं महसूस करे। हमारे घर में सिखाया जाता है कि हमें एक हाथ से ऐसे चुपचाप देना चाहिए कि दूसरे हाथ को भी पता नहीं चले कि हमने कुछ दिया है।

बिना किसी अपेक्षा के दें। इंस्टाग्राम पर पोस्ट करने के लिए नहीं दें। इसलिए नहीं दें क्योंकि किसी ने आपसे कहा है कि अगर आप देंगे तो यह कई गुना होकर आपके पास वापस आएगा। ब्रह्मांड को वह हिसाब रखने

दें, आप सिर्फ़ इसलिए दें क्योंकि आप दे सकते हैं और सेवा और योगदान करने के इस अवसर के लिए हमेशा आभारी रहें। नियमित रूप से दें - जब आपके पास अधिक हो, तो आप अधिक दें; जब आपके पास कम हो है तो आप जो भी दे सकते हैं उतना दे दें। भले ही आप पैसे के रूप में योगदान नहीं कर सकते, अपने समय से योगदान करें लेकिन सेवा और योगदान को अपने अस्तित्व का ज़रूरी हिस्सा बनाएँ।

दूसरों को देना सबसे बड़ा उपहार है
जो आप खुद को दे सकते हैं।
—डैरेन हार्डी

अविस्मरणीय सीख

- वास्तविक सफलता को लगातार बढ़ती करियर सफलता, गहरी संतुष्टि, सशक्त रिश्तों और स्थायी प्रभाव के संयोजन के रूप में परिभाषित किया जा सकता है। इसे पूरा करने का सबसे अच्छा तरीक़ा जीवन के सभी 9 प्रमुख क्षेत्रों में समग्र प्रगति का लक्ष्य रखना है।
- हमेशा उम्मीद से अधिक करने को अपने जीवन का एक मूलभूत सिद्धांत बनाएँ। रोज़ थोड़ा-थोड़ा अधिक करना अंततः आपको, अपने काम का एक प्रमुख एवं उत्कृष्ट खिलाड़ी बना देगा। और आपको गहरी संतुष्टि भी देगा।
- सूर्य को कोई भी अधिक समय तक छुपा नहीं सकता। यदि आप अच्छे हैं, तो आप चमकेंगे और शीर्ष पर पहुँचेंगे।
- जब भगवान आपकी तरफ़ है, तो इससे कोई फ़र्क़ नहीं पड़ता कि दूसरी तरफ़ कौन है।
- हर कोई बूढ़ा हो जाता है, लेकिन केवल कुछ ही लोग अधिक समझदार होते हैं।
- जैसे-जैसे आप सार्वभौमिक ऊर्जा के साथ अपना संबंध गहरा करेंगे आप अधिक स्थिर, शांत और मज़बूत महसूस करेंगे। आप बेहतर निर्णय लेंगे; आप अधिक रचनात्मक होंगे और आपके काम को एक नई चमक और गुणवत्ता मिलेगी।
- जब भी आप फँसा हुआ या तनावग्रस्त महसूस करें और स्पष्ट रूप से सोचने में सक्षम नहीं हों, तो अपने आप को जीएपी (GAP) फ़ॉर्मूला याद दिलाएँ - कृतज्ञता, जवाबदेही और दृष्टिकोण।
- इसे अपना स्थायी जीवन सिद्धांत बनाएँ कि हमेशा अपेक्षा से अधिक करें और आप शीर्ष पर पहुँच जाएँगे। प्रतिदिन यह थोड़ा अतिरिक्त, अंततः आपको अपने उद्योग में एक प्रमुख खिलाड़ी बना देगा और आपको गहरी संतुष्टि भी देगा।
- यदि भगवान ने आपको आपकी आवश्यकता से अधिक दिया है, तो आपको इसका एक हिस्सा ज़रुर उन लोगों के साथ बांटना चाहिए, जिनके पास वह भी नहीं है जिसकी उन्हें वास्तव में आवश्यकता है।

जैसे-जैसे आपकी आय का स्तर बढ़े, अपने योगदान और सेवा का स्तर बढ़ाएँ।

- वित्तीय प्रचुरता का लक्ष्य एक ऐसी जीवनशैली का निर्माण करना है, जहाँ आपको और आपके परिवार को वित्तीय बाधाओं के बिना अपने पसंद के काम करने की स्वतंत्रता हो।

अपनी सीख को मज़बूत करने के लिए अभ्यास

1. अच्छे जीवन के सभी 9 प्रमुख क्षेत्रों में, 0 से 10 के पैमाने पर अपने जीवन का मूल्यांकन करें, जिसमें 0 सबसे कम और 10 सबसे अधिक हो। उन क्षेत्रों की पहचान करें जहाँ आप उत्कृष्ट प्रदर्शन कर रहे हैं और जिन क्षेत्रों में सुधार की आवश्यकता है। अपने जीवन के एक या दो क्षेत्र चुनें जहाँ आप अगले 3–9 महीनों में उत्कृष्टता प्राप्त करना चाहते हैं और उसके लिए एक विशिष्ट कार्य योजना बनाएँ।
2. वह कौन सी गतिविधि है, जिसे आप अपने स्वास्थ्य और आध्यात्मिक संबंध को बेहतर बनाने के लिए अपनी दिनचर्या में शामिल कर सकते हैं?
3. ऐसी कौन सी चीज़ें हैं, जिन्हें आप अपने पारिवारिक रिश्तों की गुणवत्ता में सुधार के लिए अपने दैनिक या साप्ताहिक कार्यक्रम में शामिल कर सकते हैं?
4. ऐसे कौन से गुण या विशेषताएँ हैं जो आपके काम में आपके लिए सबसे ज़्यादा मायने रखते हैं? उन गुणों या विशेषताओं पर अपनी वर्तमान कार्य स्थिति का मूल्यांकन करें। आप अपने वर्तमान कार्य को अपने गुणों या विशेषताओं के साथ कैसे संरेखित कर सकते हैं?

यहां स्कैन करें और सीधे मेरी वेबसाइट पर जाएं

www.deepakbajaj.biz

इन अभ्यासों को पूरा करने के लिए विस्तृत फ़ॉर्म सपनों से हक़ीक़त 5 क़दमों में जर्नल और वर्कबुक में उपलब्ध हैं।

आप इसे मेरी वेबसाइट www.depakbajaj.biz से प्राप्त कर सकते हैं या साइड में दिए क्यूआर (QR) कोड को स्कैन करके।

उपसंहार

सपनों को हक़ीक़त बनाने वाली 5 चरणों की यह पूरी प्रक्रिया बिलकुल वैसे ही काम करती है, जैसे कि प्रकृति और ब्रह्मांड। अगर मैं आपको इस पूरी प्रक्रिया को एक उदाहरण से समझाऊँ तो यह बिलकुल वैसा ही है कि कैसे एक बीज पेड़ बनता है और फल देता है। बीज एक संभावना है, बीज एक सपना है और एक बीज एक जंगल बना सकता है। हर बीज में वह क्षमता होती है और हर बीज एक पेड़ बन सकता है, लेकिन केवल वही बीज पेड़ बनेगा जिसे उस किसान द्वारा चुना गया है जिसे उस पेड़ की क्षमता पर विश्वास है और जो उस बीज को पेड़ बनाने के लिए आवश्यक सब कुछ करने को तैयार है।

किसान इस बात पर अटल विश्वास करता है कि बीज समय आने पर वृक्ष ज़रूर बनेगा। उस पूरे विश्वास के साथ वह एक उपजाऊ भूमि में बीज बोता है जिसे उसने बीज को सही विकास वातावरण देने के लिए सावधानीपूर्वक तैयार किया है। किसान पौधे को पानी देता है, उसे सभी आवश्यक पोषक तत्व देता है, यदि कुछ खर-पतवार बीज के लिए आरक्षित संसाधनों को छीनते हैं तो पर्यावरण में मौजूद उन खर-पतवारों को साफ़ करता है और निगरानी करता है ताकि कोई भी इंसान या जानवर उस बीज के ऊपर से नहीं गुज़रे ।

किसान उस बीज का पालन-पोषण करता है, उसकी रखवाली करता है और वह सब कुछ करता है जो बीज को पेड़ बनने के लिए आवश्यक होता है। जब बीज ज़मीन में गाड़ दिया जाता है तो किसी को पता नहीं चलता कि इस ज़मीन के नीचे बीज है, लेकिन किसान पूरे विश्वास के साथ उसे सींचता रहता है। किसान अच्छी तरह से जानता है कि उसे वे सभी गतिविधियाँ करनी हैं जो उसकी ओर से आवश्यक हैं, चाहे परिणाम कुछ भी हो। जब ज़मीन पर विकास का कोई निशान दिखाई नहीं देता, तब भी

किसान कभी भी अपने विश्वास पर सवाल नहीं उठाता और यह जाँचने के लिए ज़मीन खोदना शुरू नहीं करता कि जड़ें विकसित हो रही हैं या नहीं।

एक बार जब पौधा बढ़ना शुरू हो जाता है, तो किसान यह जाँचता है कि क्या विकास वैसा हो रहा है जैसा होना चाहिए। विकास अच्छा नहीं होने पर वह तत्काल सुधारात्मक कार्रवाई करता है। यदि कोई कीड़ा या बीमारी पौधे को कुछ नुक़सान पहुँचाने लगती है, तो वह कुछ दवाएँ और अन्य सुधारात्मक उपाय करता है। किसान जानता है कि वह जो करता है उस पर उसका पूर्ण नियंत्रण है और परिणाम क्या होगा इस पर उसका कोई नियंत्रण नहीं है। किसान के पास भविष्य के लिए स्पष्ट सपने हैं लेकिन उसका सारा ध्यान हाथ में लिए काम पर केंद्रित है और अपने सभी कर्तव्यों का पालन करते हुए, वह परिणामों से भावनात्मक रूप से अलग है। किसान यह भी समझता है कि बुआई और कटाई के बीच एक समय अंतराल होता है और एक प्रक्रिया होती है, जिसका उसे इस समयावधि में पालन करना होता है। जब कटाई का समय आएगा, तो उसे एक फ़सल मिलेगी और अंतिम फ़सल इनमें से किसी एक श्रेणी में आ सकती है – उम्मीद के बराबर, उम्मीद से ज़्यादा या उम्मीद से कम।

परिणाम चाहे जो भी हो, किसान अपना सबक़ सीखता है, जो अच्छे परिणाम दे रहा है उसे अधिक करता है और जो काम नहीं कर रहा है उसे कम करता है और कटाई के अगले चक्र की तैयारी शुरू कर देता है और नए सपनों के साथ नए बीज चुनता है।

इसके अलावा एक बुद्धिमान किसान पूरी तरह से समझता है कि हर बीज एक पौधा नहीं बनेगा और यह स्वाभाविक है। एक किसान कभी भी उन सभी मृत बीजों के लिए खुद को दोषी नहीं ठहराता। वास्तव में, जैसे-जैसे किसान समझदार होता जाता है, वह समझता है कि हर बीज से पौधा नहीं बनेगा, इसलिए वह जितने पौधों की ज़रूरत है, उससे अधिक बीज बोता है ताकि यदि कुछ प्रतिशत बीज भी पौधे बन जाएँ, तो भी उसका लक्ष्य पूरा हो जाएगा।

साथ ही, उसे बहसास होता है कि जब परिणाम अपेक्षा से कहीं अधिक होते हैं, तो यह ब्रह्मांड के कारण होता है। इससे वह विनम्र रहता है और उसका ध्यान पूरी तरह से अपनी प्रक्रिया में उत्कृष्टता हासिल करने पर ही केंद्रित रहता है।

प्रकृति इसी तरह काम करती है – एक सपना देखें, पूरे विश्वास के साथ काम करें और उस सपने को हक़ीक़त में बदलने के लिए हर संभव प्रयास करें। एक योजना बनाएँ और आप जहाँ भी हों और जो कुछ भी आपके पास है, वहीं से शुरुआत करें। जैसे-जैसे आप आगे बढ़ें, अपने आप में सुधार करते रहें ताकि आप ज़रूरी कामों को बेहतर ढंग से और तेज़ रफ़्तार से कर सकें। आकस्मिकताओं के लिए तैयार रहें और जैसे-जैसे आगे बढ़ें अपनी कार्यशैली में सुधार करते रहें।

जब परिणाम का समय आए, तो परिणाम को पूरे दिल से स्वीकार करें और उसकी समीक्षा करें ताकि आप कुछ नया सीख पाएँ। अब इस नई सीख, नए अनुभव, नए कौशल के साथ, एक और सपना देखें और पूरे विश्वास के साथ इस प्रक्रिया को दोहराएँ। प्रत्येक नया सपना नई चुनौतियाँ लेकर आएगा और जब आप पूरे दिल से अपने सपने को पूरा करने में समर्पित हो जाते हैं, तो आप ऊपर उठते हैं और जीवन में अपने वास्तविक उद्देश्य को पा लेते हैं।

यह वह प्रक्रिया है जो आपको सफलता, प्रचुरता, ख़ुशी और अपार संतुष्टि प्रदान करती है। आपका विश्वास और दृष्टिकोण तय करता है कि आप इस पूरी प्रक्रिया को सज़ा या सुनहरे अवसर के रूप में लेते हैं। मैं आपके सपनों को हक़ीक़त में बदलते हुए देखने के लिए और इंतज़ार नहीं कर सकता। आप मुझसे मेरे सोशल मीडिया लाइव सेशन के दौरान या अलग-अलग सोशल मीडिया अकाउंट या supportdeepakbajaj.biz पर मैसेज करके सवाल पूछ सकते हैं।

मैं आपकी रूपांतरण चुनौतियाँ और सफलता की कहानियाँ सुनने के लिए उत्सुक हूँ। यह कभी नहीं भूलें कि आपके अंदर महानता के बीज हैं। आपका अतीत आपका भविष्य तय नहीं कर सकता। आज का दिन आपके आने वाले पूरे जीवन का पहला दिन है। अपनी रोशनी को कभी कम नहीं होने दें। आपके और आपके परिवार के लिए मेरी शुभकामनाएँ – आप ना केवल अपने सपने लिखें बल्कि अपने सपनों को जियें।

चमकते रहो। मेरा एक ही सपना है – मैं आपको टॉप पर देखना चाहता हूँ। प्यार, प्रकाश और शक्ति।

–दीपक बजाज

दीपक बजाज की जीवन यात्रा

गाँव के एक शर्मीले लड़के से अग्रणी कॉर्पोरेट ट्रेनर और जीवन और बिज़नेस रूपांतरण कोच के रूप में दीपक बजाज का रूपांतरण हर किसी के लिए प्रेरणा और ताक़त का स्रोत है। दीपक ने एक लंबा सफ़र तय किया है और यह इस बात का जीता-जागता सबूत है कि स्पष्ट दृष्टि, पूर्ण विश्वास, सही मूल्यों और अथक परिश्रम से क्या हासिल किया जा सकता है।

दीपक का जन्म भारत के हरियाणा के एक छोटे से गाँव में सरकारी कर्मचारियों के एक परिवार में हुआ था और उन्होंने विभिन्न हिंदी माध्यम के सरकारी स्कूलों में पढ़ाई की। जब दीपक 8 साल के थे तब कैन्सर से दो साल की लंबी लड़ाई के बाद उनके पिता का निधन हो गया। दीपक का बचपन आर्थिक चुनौतियों और कई अन्य कठिनाइयों से भरा हुआ था। लेकिन इन सभी वर्षों में, दीपक एक सपने के साथ बड़ा हुआ - एक दिन मैं एक बड़ा आदमी बनूँगा।

कुछ बड़ा करने के लिए दृढ़ संकल्पित दीपक ने CAT परीक्षा उत्तीर्ण की और एक टॉप 20 संस्थान से एमबीए पूरा किया। 2003 में एक अग्रणी अंतरराष्ट्रीय ऑटोमोबाइल कंपनी के सेल्स विभाग में अपना कॉर्पोरेट करियर शुरू किया और रिकॉर्ड समय में 4 राज्यों/केंद्रशासित प्रदेशों के क्षेत्रीय प्रबंधक के पद तक पहुँचे और सेल्स, मार्केटिंग, डिस्ट्रीब्यूशन एवं ऑपरेशंस विभागों का नेतृत्व किया।

28 जून 2007 को, उन्होंने अपनी नौकरी के साथ-साथ पार्ट टाइम में डायरेक्ट सेलिंग का बिज़नेस शुरू किया। फिर 3 महीने में अपनी नौकरी

से इस्तीफ़ा दे दिया और अप्रेन्टिसशिप का रास्ता चुन लिया। दीपक सेल्स में उत्कृष्ट थे, लेकिन उन्हें टीम बनाने और बिज़नेस प्रबंधन का कोई अनुभव नहीं था। उन्हें कुछ सफलताएँ मिलीं, लेकिन सही टीम और सिस्टम की कमी के कारण वे अपनी सफलता को बरकरार नहीं रख सके। उनका बिज़नेस कई बार शून्य हो गया, जिससे उनके परिवार को बहुत बुरे वित्तीय संकट से गुज़रना पड़ा। यह एक कठिन दौर था और सभी रिश्तेदारों और दोस्तों ने उन्हें अपनी नौकरी पर वापस जाने का सुझाव दिया। लेकिन इसके बजाय, उन्होंने कड़ी मेहनत की, और अधिक सीखा और इस विचार के साथ आगे बढ़ते रहे कि जो कुछ भी आपको तोड़ता नहीं है, वह आपको मज़बूत बनाता है।

वह बिज़नेस के छात्र बन गए और दुनिया भर में सर्वोत्तम सफलता सिस्टम को सीखना शुरू कर दिया। उन्होंने सैकड़ों किताबें पढ़ीं, हर संभव ऑनलाइन कोर्स किया और क्षेत्र के दिगज्जों से सर्वोत्तम ट्रेनिंग प्राप्त करने के लिए दुनिया भर की यात्रा की। जितना अधिक उन्हें अस्वीकृतियों का सामना करना पड़ा, उतना ही अधिक उन्होंने अपनी ट्रेनिंग और विकास में समय और पैसा लगाया। धीरे-धीरे उन्होंने अपने स्वयं के अनूठे प्रोग्राम और सिस्टम बनाने शुरू कर दिए जिनके बारे में उद्योग में कभी नहीं सुना गया था और व्यवसाय में रिकॉर्ड के बाद नए रिकॉर्ड स्थापित किए।

उन्होंने कई डुप्लिकेबल टूल, ट्रेनिंग मॉड्यूल, सिस्टम और तकनीकें बनाईं जिनका उपयोग कोई भी अपनी उम्र, पृष्ठभूमि, स्थान, शिक्षा, लिंग या वित्तीय स्थिति की परवाह किए बिना अपने व्यवसाय को बढ़ाने के लिए कहीं भी कर सकता है। उन प्रणालियों और टूल्स ने उनके व्यवसाय को लगातार बढ़ते निष्क्रिय आय-सृजन वाले व्यवसाय में बदल दिया। जीवन के विभिन्न क्षेत्रों के लाखों लोग उनके टूल्स और सिस्टम का उपयोग करके अपने सपनों को पूरा किया कर चुके हैं और अपने लिए शानदार बिज़नेस का निर्माण कर चुके हैं।

10 जून 2018 को, उन्होंने अपनी पहली पुस्तक लिखी और अपनी ख़ुद की ट्रेनिंग एवं कंसल्टिंग कंपनी शुरू की। उनकी पहली पुस्तक को मिले प्यार और प्रतिक्रिया ने उन्हें और अधिक किताबें लिखने के लिए प्रेरित किया और उनकी सभी चार पुस्तकों को उद्योग की अनिवार्य पाठ्य पुस्तकें माना गया है और उनका 9 भाषाओं में अनुवाद किया जा चुका है।

विभिन्न क्षेत्रों और भूमिकाओं के दो दशकों से अधिक के अनुभव के साथ, दीपक अपने अनूठे ट्रेनिंग प्रोग्रामों, लाइव कार्यशालाओं, प्रेरक भाषणों, ऑनलाइन कोर्स, पुस्तकों, मुफ़्त वीडियो ट्रेनिंगों और सोशल मीडिया कंटेंट के साथ लोगों को बदलने और बिज़नेसों को बढ़ाने के अपने जीवन मिशन को जी रहे हैं। दीपक ख़ास तरह के कस्टमाइज्ड ट्रेनिंग प्रोग्रामों को बनाने और डिलीवर करने में माहिर हैं जो स्थायी परिणाम और अविश्वसनीय परिवर्तन लाते हैं। वह 100 से अधिक कंपनियों में ट्रेनिंग दे चुके हैं और दुनिया भर से 2.1 मिलियन से अधिक लोग उनके ट्रेनिंग प्रोग्रामों में भाग ले चुके हैं।

उन्हें कई बार सर्वश्रेष्ठ ट्रेनर और कोच का पुरस्कार मिल चुका है। विभिन्न पत्रिकाओं में उनके बारे में लिखा जा चुका है और उन्हें सर्वश्रेष्ठ डेब्यू लेखक 2018, सर्वश्रेष्ठ उद्यमिता प्रशिक्षक और कोच आदि जैसे विभिन्न पुरस्कार प्राप्त हुए हैं। वह कई बार जोश टॉक्स और TEDx वक्ता रहे हैं। वह आईआईटी बॉम्बे के ई-सेल के ब्रांड प्रतिनिधि भी हैं। वह एक अंतरराष्ट्रीय मास्टर एनएलपी प्रैक्टिसनर हैं और उन्होंने संयुक्त राज्य अमेरिका, सिंगापुर, यूरोप, बैंकॉक और भारत में दुनिया के सर्वश्रेष्ठ प्रशिक्षकों और लीडर्स से प्रशिक्षण प्राप्त किया है।

दीपक के लाइव स्टेडियम कार्यक्रम अपनी शक्तिशाली अंतर्राष्ट्रीय पाठ्यसामग्री, अद्वितीय एनएलपी आधारित पद्धति, गतिविधि आधारित इंटरैक्टिव शिक्षण शैली और वास्तविक जीवन के टूल्स और तकनीकों के कारण हमेशा हाउसफुल रहते हैं जो अपने प्रतिभागियों को तुरंत परिणाम और स्थायी परिवर्तन देते हैं।

वह विभिन्न प्रोग्रामों, डिस्ट्रीब्यूटर मीटिंगों, सेमिनारों, वार्षिक सम्मेलनों, लीडरशिप ट्रेनिंग प्रोग्रामों आदि में नियमित मुख्य वक्ता रहते हैं। वह कंपनियों को उनकी सेल्स, परफ़ॉरमेंस, संस्कृति और सिस्टम को बढ़ाने के लिए एक सलाहकार भी हैं। दुनिया भर के लोग दीपक के ऑनलाइन कोर्स को परिणाम प्राप्त करने का सबसे किफ़ायती, विश्वसनीय और तेज़ तरीक़ा मानते हैं।

दीपक एक सोशल मीडिया और डिजिटल मार्केटिंग एजेंसी भी चलाते हैं जो लोगों और कंपनियों को अपने सोशल मीडिया ब्रांड को ऊपर उठाने, सेल्स बढ़ाने, ग्राहक केंद्रित डिजिटल मार्केटिंग अभियान चलाने, सेल्स

फ़नल बनाने और स्वचालित सिस्टम का उपयोग करके व्यवसायों को बढ़ाने में मदद करती है।

दीपक एक शौकीन पाठक, विश्व यात्री और साहसिक खेल प्रेमी हैं।

दीपक का जीवन मिशन लोगों को सर्वश्रेष्ठ बनने के लिए सशक्त बनाना है। दीपक और उनकी टीम लगातार ऐसे टूल, ऑनलाइन कोर्स और ट्रेनिंग प्रोग्राम बनाने पर काम करती रहती है जो लोगों को अपने लक्ष्य तेज़ी से हासिल करने और अधिक ख़ुश रहने में मदद कर सकें।

आप दीपक के साथ विभिन्न सोशल मीडिया प्लेटफ़ॉर्म और उनकी वेबसाइट : www.deepakbajaj.biz पर जुड़ सकते हैं.

जीवन को बदलने और बिज़नेस को बढ़ाने के लिए दीपक बजाज द्वारा शक्तिशाली समाधान

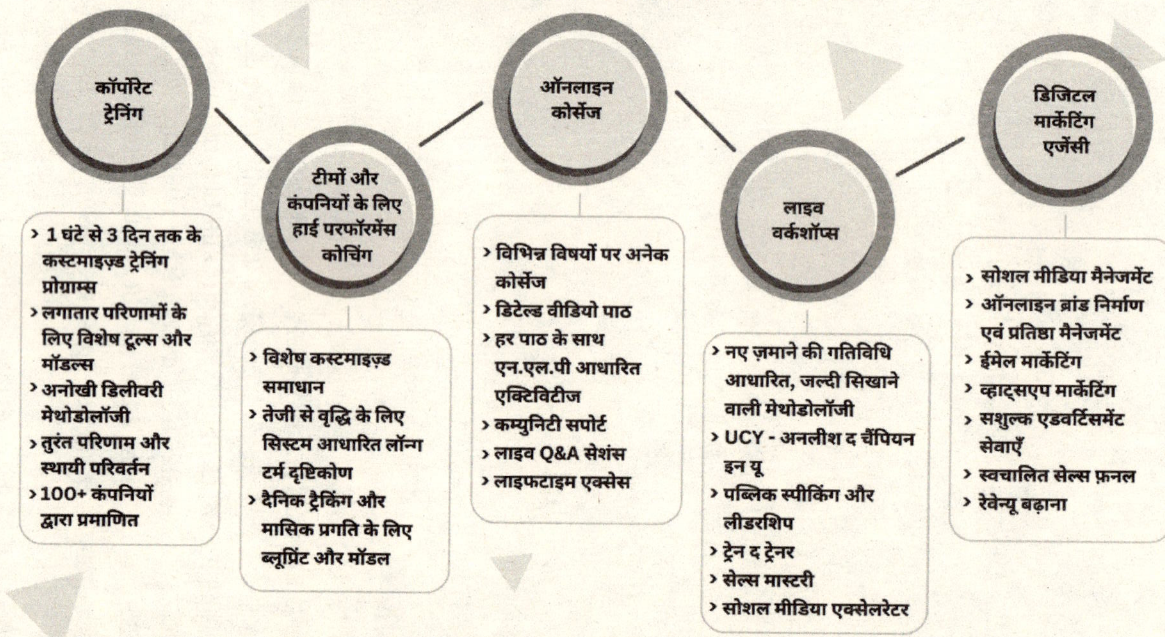

सफलता का हर अगला स्तर आपसे एक अलग संस्करण की मांग करता है। अपनी सफलता को ऊपर उठाने के लिए खुद को और अपनी टीम को लगातार अपग्रेड करें।

आभार

मैं अपने प्रत्येक पाठक, सोशल मीडिया फ़ॉलोअर्स, मेरी वर्कशॉप/ इवेंट प्रतिभागियों, मेरे कोचिंग क्लाइंट और मेरे टीम के साथियों के प्रति हार्दिक आभार व्यक्त करता हूँ जिन्होंने आपकी उपस्थिति और ज्ञान से मेरे जीवन को प्रभावित किया है। आपके साथ हुई प्रत्येक बातचीत ने मुझ पर गहरा प्रभाव डाला है और मुझे वह व्यक्ति बनाया है जो मैं हूँ। मैं आपके बढ़ते प्यार, समर्थन और प्रार्थनाओं के लिए आपको कभी भी पर्याप्त धन्यवाद नहीं दे सकता। यह किताब पूरी की पूरी आपकी है। बहुत-बहुत धन्यवाद।

मैं भाग्यशाली हूँ कि मेरे ऑफ़िस में दुनिया की सर्वश्रेष्ठ टीम है। हमारी कंपनी में एक अद्भुत टीम है जो लोगों के लिए परिवर्तन को आसान और तेज़ बनाने के लिए नए टूल्स और तकनीक विकसित करने के लिए लगातार अथक प्रयास कर रही है। आप सबके अमूल्य योगदान के लिए दिल से धन्यवाद।

मैं जो कुछ भी करता हूँ उसके पीछे मेरे पास एक अविश्वसनीय 24x7 सपोर्ट सिस्टम है - मेरा परिवार। मैं भाग्यशाली हूँ कि मुझे ये सब मेरे परिवार में मिला - मेरे सबसे अच्छे दोस्त, साथी, भागीदार, सलाहकार, चीयरलीडर्स और मेरे सबसे बड़े समर्थक। आप सभी के प्यार, देखभाल, समर्थन, स्नेह और प्रेरणा के बिना मैं कुछ भी नहीं हूँ। पापा, मम्मी, तनिमा, गौरव, दिव्या, सक्षम, निर्भय, प्रशांसा, चिरायु और देवांशी को धन्यवाद।